KB267039

儒學近百年(2)
영남계열의 도학

KCSI 한국학술정보㈜

儒學近百年(2)
영남계열의 도학

금장태·고광직 공저

定齋學派	西山 金興洛
	西坡 柳必永 · 東山 柳寅植
	省齋 權相翊
	春樊 權命燮
寒州學派	寒洲 李震相
	俛宇 郭鍾錫
	韓溪 李承熙
	晦峰 河謙鎭
	省窩 李寅梓
四未軒學派	四未軒 張福樞
	恭山 宋浚弼
性齋學派	舫山 許薰
其他	眞庵 李炳憲
	深齋 曹兢燮

머리말

  1980년대 초반에 2년 가까운 세월동안 최근 백년동안의 유학자들을 찾아 전국을 돌아다녔던 일이 있다. 이 일이야말로 나에게는 하나의 새로운 세계로 뛰어드는 매우 소중한 경험이었다. 이에 앞서 1978년 나는 조선 후기에 서학(서양문물과 천주교신앙)이 전래하면서 등장한 유교와 서학의 사상적 쟁점과 교류에 관한 문제로 학위논문을 마쳤는데, 이 논문에서는 서양문물을 배척하고 유교의 정통성을 옹호하여 '위정척사'(衛正斥邪)를 표방하였던 이항로(華西 李恒老)를 중심으로 하는 한말(韓末) 도학자들의 사상을 다루었다. 그 뒤로 줄곧 한말 도학자들과 그 후학들이 어떻게 도학 전통을 이어갔는지 관심을 가져왔다. 그리하여 조선왕조의 붕괴와 더불어 유교가 갑자기 무너진 것이 아니라 19세기 후반에서 20세기 전반까지 유학자들의 활동이 계속되지 않았을까 하는 막연한 가정으로 이 일을 시작하였다.

  당시 한국경제신문사 문화부 기자였던 고광직과 나는 대학의 같은 학과 동기생으로 오랜 친구였다. 우리 둘은 정말 손발이 잘 맞는 환상적인 팀이 되어, 우선 이 작업에 '유학근백년'(儒學近百年)이라는 이름을 붙였다. 양계초(梁啓超)가 저술한 『근삼백년중국학술사』(近三百年中國學術史)의 책제목에서 '근백년'이라는 말을 따왔다. 병인요(丙寅洋擾)가 일어났던 1866년 이후에 생존한 유학자들을 '근백년'에 들어오는 인물로 잡았다. '근백년'의 유학자들을 찾아내어 그 사상을 내가 간략하게 소개하고 그 행적과 현장의 모습을 고광직이 좀 더 자세하게 서술하는 방법으로 한국경제신문에 매주일 한 인물씩 연재하기 시작하였다.

전국을 구석구석 돌아다니며 옛 학자의 고택을 찾아가고 후손을 만나보는 과정에서 그동안 우리 사회의 무관심 속에 매몰되어 버린 학자들이 너무나 많이 있다는 사실에 놀라지 않을 수 없었다. 나로서는 엄청난 매장량을 지닌 한국사상사의 광맥을 새로 발견하게 되었다는 흥분과 그 다양한 쟁점과 문제의식에 도취하여 빠져드는 즐거움을 아직도 잊을 수 없다. 그러나 여러 다양한 학파(연원)의 그 많은 학자들과 그 많은 저술(문집)들을 접하면서 곧바로 나 자신의 한계를 절실하게 느끼지 않을 수 없었다. 일년 동안 50명의 '근백년' 도학자들을 소개하고 났을 때, 한편으로 끝까지 발굴해내고 싶다는 생각이 간절한 소망이 되었지만, 다른 한편으로 건강이 악화되어 더 이상 지속할 수 없는 현실에 부딪쳤다. 그래서 연재한 지 일년만에 중단하였다가 일년을 쉬고 나서 나름대로 사명감에 불타 다시 시작하여 '속유학근백년'으로 연재를 계속했지만 이번에는 반년만에 도중에서 주저앉고 말았다. 따라서 '유학근백년'의 작업은 캐내다가 중단된 광산이요, 앞으로 누군가의 손으로 더 많은 인물들이 발굴되고 소개되어야 할 것으로 믿는다.

'유학근백년'의 성과는 1984년 박영사에서 간행되었고, '속유학근백년'의 성과는 1989년 여강출판사에서 간행되었다. '속유학근백년'에서는 이 시대의 유학자로 도학자와 더불어 개화사상가와 애국계몽운동가들까지 다루었다. 이 작업을 통해 조선시대의 유교사상 전통이 우리시대에 이르기까지 이어오는 변천의 과정과 양상들을 드러내고자 하였지만, 언제나 많은 인물이 빠져있다는 사실에 대해 항상 아쉽고 안타까운 마음을 금할 수 없었다. 그래도 이때에 계발된 문제의식으로 인해 나는 한말도학의 중요한 학맥인 이항로 계보의 사상에 관한 연구를 좀더 심화시켜 『화서학파의 철학과 시대의식』(태학사, 2001)을 출간했고, 이병헌(眞菴 李炳憲)을 중심으로 한 20세기 전반기의 유교개혁사상을 해명하여 『유교개혁사상과 이병헌』(예문서원, 2003)을 출간했으니, 지난 20년 동안 '유학근백년'에 대한 관심을 지속해 왔던 셈이다.

이번에 한국학술정보에서 '유학근백년'을 다시 간행하는 기회에 『유학근백년』과 『속유학근백년』의 두 책에 흩어져 있던 인물들을 3권으로 새롭게 재분류하였다. 제1권에서는 기호(畿湖)계열의 한말도학자를 5학파를 중심으로 정리하였고, 제2권에서는 영남계열의 한말도학자를 4학파를 중심으로 정리하였으며, 제3권은 강화학파, 개화사상, 애국계몽사상, 유교개혁사상, 종교사상 및 현대의 유학자 등을 6계열로 나누어 도학파가 아닌 유학자들을 정리하였다. 이러한 학파와 계보는 한국근세유학의 사상적 성격을 해명하는 데 매우 중요한 것이지만, 그 분류체계는 앞으로 연구가 확장되고 심화되면서 좀더 세분되거나 수정될 수 있는 여지가 있을 것이다. 앞으로 좀더 보완해가고 다듬어갈 수 있는 기회가 있기를 바란다.

　마지막으로 이 책을 간행하도록 허락해 준 한국학술정보 사장님께 감사드리고, 교정의 번거로운 일을 맡아준 한신대학교 강사 박종천 선생의 도움에 고마운 마음을 밝히고자 한다.

2004년 4월 12일
관악산그늘 잠연재(潛研齋)에서
금　장　태

차　례

유학근백년(1)　기호계열의 도학

한말도학의 사상사적 조명

제1부 華西學派의 도학

華	西	李	恒	老		恒	窩	柳	重	岳
重	庵	金	平	默		蓮	谷	盧	正	燮
省	齋	柳	重	敎		習	齋	李	直	愼
勉	庵	崔	益	鉉		恒	齋	李	正	奎
錦	溪	李	根	元		果	庵	申	益	均
毅	庵	柳	麟	錫						

제2부 毅堂學派의 도학

毅	堂	朴	世	和		直	堂	申	鉉	國
晦	堂	尹	膺	善		陽	庵	柳	芝	赫

제3부 淵齋學派의 도학

淵	齋	宋	秉	璿		晦	峯	安	圭	容
心拓	齋	宋	秉	珣		琢	窩	鄭	璣	淵

제4부 鼓山-艮齋學派의 도학

鼓	山	任	憲	晦		裕	齋	宋	基	冕
艮	齋	田		愚		後	滄	金	澤	述
石	農	吳	震	泳		陽	齋	權	純	命
欽	齋	崔	秉	心		玄	谷	柳	永	善
顧	齋	李	炳	殷		月	軒	李	普	林
蕙	泉	成	璣	運		誠	堂	朴	仁	圭
蒼	樹	鄭	衡	圭						

제5부 蘆沙學派의 도학

蘆	沙	奇	正	鎭		後	石	吳	駿	善
石	田	李	最	善		道	峯	孔	學	源
老柏	軒	鄭	載	圭		立	巖	南	廷	瑀
松	沙	奇	宇	萬						

제6부 기 타

霞	山	南	廷	哲		醒	庵	李	喆	榮

유학근 백년(3) 개화사상과 근대개혁사상

斥邪衛正論에서 愛國啓蒙思想으로

근백년 도학파의 사상사적 의의

開港(1876) 무렵부터 몇 년 전까지 이 땅에서 살았고 활동하였던 유학자를 통해 近百年 儒學思想의 흐름에 내포된 문제점과 그 성격을 밝혀 보아야겠다는 과제는 마치 傳統이라는 건너편 언덕을 오르기 위해 발 앞에서부터 징검다리를 놓아야겠다는 필요성에서 출발하는 것과 같다.

우리들에게는 傳統과 現代 사이에 물이 가로놓여 길이 끊어져 있는 것처럼 생각하는 버릇이 번져 있다.

현대를 살아가면서 어쩌다 물 건너 언덕을 쌍안경으로 넘어다보고 玩賞하는 일은 傳統을 史劇이나 민속촌 또는 박물관 진열장 속에 가두어 놓고 심심할 때 즐기거나 호기심을 풀어 보는 대상으로 삼는 것과 별 차이 없는 것으로 보인다.

그래서 요즈음 잘 해내는 거대한 교량이 놓이기 전이라도 아쉬운 대로 징검다리를 놓아 보면, 건너가서 우리 자신의 선조를 만나 훈계를 듣거나 따져 보기도 하고 건너오는 조상을 맞아 지금 세상의 풍속을 보여 드리기도 하면서 서로 마주 이야기를 하노라면, 우리의 전통에 대한 단절감을 해소시키고 유대감을 두터이 할 수 있을 것이라 믿는다. 이렇게 될 수 있다면 흔한 말로 전통의 창조적 계승에도 실제적으로 어떤 도움이 될 수 있으리라 기대해 본다.

지난 百年 동안은 우리 역사에 엄청난 충격을 주었던 일이 너무나도 많았다. 晋州民亂(1862)을 비롯한 전국의 농민봉기, 프랑스와 미국의 침략(1866·1871), 開港(1876), 甲午(1894) 東學의 민중봉기와 更張, 乙未(1895) 王妃弑害와 斷髮令, 日帝의 乙巳保護條約

(1905)과 庚戌合倂(1910), 己未(1919) 독립운동, 解放과 分斷 (1945), 6·25動亂(1950) 등 韓半島의 地軸이 뿌리까지 흔들렸던 격동기였다.

우리에게는 생각하기도 괴롭고 상처가 깊은 역사적 難局이었으나 이 시기를 살았던 사람들로서는 더욱 참담하고 뼈저린 痛憤과 절망의 고뇌를 겪지 않을 수 없었다. 비록 시대조류의 大勢에서 밀려나고 있었지만 수백 년 전통 사회를 이끌어 왔던 지도이념을 담당해 왔던 道學派의 儒學者로서는 이러한 시련을 당하면서 자신의 학문적 근거를 더욱 철저히 재확인하였으며 긴박한 현실 속에서 더욱 확고하고 강인한 節義를 절실하게 발휘하고 있는 사실을 뚜렷이 찾아볼 수 있다. 여기서 이른바 韓末道學派를 표출시켜 문제 삼을 수 있게 된다.

道學은 인간의 본성에 근거하면서 시대사회 속에 실현시켜야 할 至上的 명령의 당위규범으로서 義理를 핵심적 성격으로 지니고 있다. 따라서 道學은 義理論을 중추로 하면서 義理의 내면적 근거와 우주적 근원을 해명하려는 철학적 추구에서 性理學을 원천적 과제로 삼는다. 그리고 구체적 행위의 절차와 양식의 節度를 규정하려는 실천적 관심에서 禮學이 제시되고 있다. 道學도 經典에 기반을 두고 있으므로 학문적 방법에서 經學의 탐구가 기초를 이루고 있으며, 인간의 주체적 인격성을 근본으로 전제하고 있기에 修養論을 중요시한다.

韓末 道學派는 절박한 역사적 상황에 대응하면서 西洋과 日本의 침략세력을 不義로 규정하고 배척하며 저항하는 義理정신을 강인하게 발휘하였다. 여기서 道學派가 서양문명의 수용에 거부적인 데 따른 보수적 폐쇄성이 역사발전에 장애요인으로 작용한 사실을 인정하여야 한다. 그러나 침략세력에 저항하면서 민족의 自尊과 自存을 위한 투지는 민족의식을 확고하게 지키는 支柱이었음을 인식하여야 할 것이다.

道學派가 전통을 고수하여 개혁의식이 결핍된 사실을 인정하면서 이들이 지켰던 전통적 가치의 진실성을 음미할 수 있을 때 문화적 代替에 따른 예속화가 아니라 주체적 연속성 위에서 개혁이 가능할 수 있다.

道學派가 日帝下를 지나면서 저항의리의 추구와 더불어 자기 개혁의 탐색과 노력이 수행되었던 사실은 우리의 近代思想史에 있어서 값지고 귀한 교훈이 될 수 있을 것으로 확신한다.

韓末 道學派의 系譜를 정확하게 제시한다는 것은 앞으로 상당히 많은 조사와 연구가 축적되어야 가능할 것이다. 그러나 대체적인 윤곽을 파악하면 크게 畿湖계열과 嶺南계열로 구분해 볼 수 있고 이들은 3백년 이상 비교적 엄격하고 뚜렷하게 學派的 계통을 지켜 왔던 특징적 사실을 확인할 수 있다. 이러한 사실은 그만큼 退溪 이후로 韓國思想史가 독자성을 확립하고 있음을 말해 주는 것이기도 하다.

특히 韓末에 이르면 가장 어려운 역사적 상황 속에서 가장 진지한 학문적 정열의 불길이 전국에서 지역별로 일어나고 있음을 보게 된다. 여기에 韓末 道學派는 불꽃놀이에서 밤하늘에 쏘아 올린 두 줄기 꽃불이 하늘 높이서 다시 터져 여러 가지 색깔로 찬란하게 퍼져 나가듯이 다양한 개성적 양상을 보여 주고 있다. 곧 韓末 道學派는 여러 宗匠들이 출연하고 이들을 중심으로 학파적 다양성을 전개하였던 것이다.

韓末 道學에서 畿湖(栗谷)학파 계열의 종장이 되었던 인물로서 華西 李恒老·蘆沙 奇正鎭·艮齋 田愚·淵齋 宋秉璿·毅堂 朴世和 등을 들어볼 수 있고, 嶺南(退溪) 학파계열의 종장이 되었던 인물로서 西山 金興洛·寒洲 李震相·四未軒 張福樞·性齋 許傳 등을 들어 볼 수 있다. 여기서 이들 宗匠은 성리설과 의리론 등 道學의 영역에 독특한 입장과 체계적 이론을 제시하고 있으며 동시에 강한 영향력으로 門下를 통해 그 입장을 계승 발전시키고 있는 사실에서 새로운 학파의 창립적 성격을 지닌다고 할 수 있다.

이들 韓末 道學派의 계승과정을 인물을 통해 정리해 볼 수 있을 것이다(인물의 열거가 조사의 불충분으로 중요인물이 누락된 경우가 多數 있으며, 이번 기회에 本書에서 소개하지 못한 인물은 이름을 고딕體로 표시하였다).

華西學派

重菴 金平默・省齋 柳重教・勉菴 崔益鉉・毅菴 柳麟錫・錦溪 李根元・槐園 李埈・黃溪 李㒒・雲菴 朴文一・遜志 洪在龜・龍溪 柳基一과 省齋 문인으로 蓮谷 盧正燮・恒窩 柳重岳・習齋 李直愼, 勉菴 문인으로 顧堂 尹兢周와, 毅菴 門人으로 恒齋 李正奎, 錦溪 門人으로 果菴 申益均・剛窩 宋般憲 등이 있다.

蘆沙學派

月皐 趙性家・石田 李最善・大谷 金錫龜・莘湖 金錄休・東塢 曺毅坤・老柏軒 鄭載圭・松沙 奇宇萬・日新齋 鄭義林・後石 吳駿善・弘窩 高光善・月坡 鄭時林과, 老柏軒 문인으로 松山 權載奎・立巖 南廷瑀・素窩 南廷燮・栗溪 鄭琦, 松沙 문인으로 道峯 孔學源・正齋 梁會甲・栗溪 문인으로 曉堂 金文鈺 등이 있다.

艮齋學派

炳菴 金駿榮・石農 吳震泳・欽齋 崔秉心・說齋 蘇學奎・後滄 金澤述・顧齋 李炳殷과, 悳泉 成璣運・蒼樹 鄭衡圭・裕齋 宋基冕・念齋 金㽥・陽齋 權純命・玄谷 柳永善과, 石農 문인으로 月軒 李普林 등이 있다.

淵齋學派

淵齋의 아우와 함께 守宗齋 宋達洙의 문인인 心石齋 宋秉珣과 淵齋・心石齋 문하에 晦峯 安圭容・琢窩 鄭璣淵・厚山 李道復・遂吾齋 金在洪・兢齋 李柄運・擇窩 李夏轍・滄菴 趙鍾悳・秋帆 朴致海 등이 있다.

毅堂學派

晦堂 尹膺善・直堂 申鉉國・陽菴 柳芝赫과, 晦堂 문하에 明窩 鄭糾海・思菴 安在極 등이 있다.

기　타

그 밖에 畿湖계열에 艮齋와 함께 鼓山 任憲晦의 문인으로 肅齋 趙秉悳·陽園 申箕善·臨齋 徐贊奎가 있고 鳳棲 兪莘煥의 문하에 絅堂 徐應淳·雲養 金允植·霞山 南廷喆이 있으며 草廬 李惟泰의 후손으로 鼓山 淵源에 醒菴 李喆榮 등이 있다. 一夫 金恒은 獨自的 인물이다.

定齋學派

西山 金興洛·拓菴 金道和·西坡 柳必永 등이 있고 西山 문하에 莊菴 金時洛·省齋 權相翊·貞山 金東鎭·秀山 金秉宗 등이 있으며 拓菴 문하에 東山 柳寅植과 省齋 문하에 春樊 權命燮 등이 있다.

寒洲學派

俛宇 郭重錫·韓溪 李承熙·后山 許愈·膠宇 尹冑夏·晦堂 張錫英·弘窩 李斗勳·勿川 金鎭祜·紫東 李正模 등이 있고, 俛宇 門下에 晦峰 河謙鎭·省窩 李寅梓·朗山 李存㘴·希堂 金銖·愼菴 安㷇·重齋 金榥·澹軒 河禹善 등이 있으며 晦峯 문인에 槿坡 安鍾禧 등이 있다.

四未軒學派

農山 張升澤·恭山 宋浚弼 등이 있다.

性齋學派

舫山 許薰 등이 있다.

기　타

그 밖에 嶺南계열에 四未軒과 寒洲의 양쪽 문하에 從游하였던 晩求 李種杞와 四未軒·西山·晩求의 문화에 종유하였던 深齋 曺兢燮이 있고, 深齋문하에 中山 朴章鉉 등이 있다. 眞菴 李炳憲은 俛宇門下를 거쳐 淸末의 康有爲門下에 종유하였다.

韓末 道學派에 있어서 의리론적 문제는 외세의 침략과 日帝 植民통치 속에서 강한 저항정신을 통한 自由意識을 공통적 특징으로 지

니고 있다. 이들은 尊華攘夷論的 春秋義理를 내세우면서 丙寅洋擾 (1866) 때 華西나 蘆沙 등의 斥和論을 발단으로 서양문물에 대한 배척의 斥邪衛正論을 전개하였다.

乙未事變(1895)을 계기로 華西학파를 필두로 해서 蘆沙·西山 문인들의 義兵활동을 통한 日帝에 대한 저항은 乙巳勒約(1905)을 절정으로 합병 후까지 지속되고 있다. 乙巳勒約을 전후한 저항 방법에는 華西학파가 가장 적극적으로 義兵활동을 하였지만, 艮齋學派에서처럼 은둔하여 전통의 固守와 학문의 수호에 전념하는 입장도 있고, 俛宇를 중심으로 각 국 公館과 國際公義에 호소하는 저항도 있으며, 淵齋·心石齋 등의 경우처럼 自決하여 節義를 지키는 경우 등으로 다양하게 의리정신을 발휘하고 있다.

그리고 이들 道學派들은 공통적으로 온갖 억압 속에서도 解放이 될 때까지 전통적 衣服制와 頭髮을 보존하며 일제 하에서 호적등록을 거부하고 日人들이 세운 新學校에 자녀를 보내지 않거나 創氏를 거부하는 소극적 저항을 끈질기게 지속해 왔다.

그리고 이 道學派들은 성리설에서 心의 主理的 인식을 명백히 하는 華西·蘆沙·寒洲학파와 心을 主氣的으로 인식하는 艮齋학파를 비롯하여 心性說을 중심으로 한 자신의 성리학적 입장을 보다 엄밀하고 명백하게 제시하고 있다. 그리고 이들 학파들 사이에서나 자기 학파 내부에서도 활발하게 성리설의 비판적 논쟁과 이론적 검토를 전개하며 이를 통해 성리학의 체계적 정리와 인식의 심화가 이루어지고 있음을 보게 된다. 또한 이들은 사회의 풍속과 가치질서가 급변하는 시대상황 속에서 道學的 이념을 재천명하여 지속하기 위한 방법으로서 蒙學, 곧 初等敎育의 교과 내용에 관한 정리에 관심을 크게 기울이고 있으며, 禮學의 체계적 재정리에도 많은 업적이 나오고 있다. 나아가 민족의식의 각성과 강화를 통해 한국 성리학사의 정리 작업과 國史에 관한 관심이 대두하여 春秋史觀에 근거하는 史論과 國史의 편찬저술이 두드러지게 많이 나타나고 있다.

道學派의 일반적 경향이 新文物에 대한 폐쇄적 守舊論이었지만 寒洲학파에서 특히 俛宇문하를 중심으로 西洋의 科學技術 등 新學을 비판적으로 검토하면서 道學 정신의 제약 속에서 적극적으로 수용하려는 진보적 입장이 일어나고 있다. 이때 康有爲의 變法 사상과 公羊學을 수용하여 孔子敎 운동을 통해 儒敎의 개혁을 추구하였던 眞菴 李炳憲이나 新學의 전면적 수용을 기반으로 교육운동을 통해 유학의 혁신을 추구하였던 東山 柳寅植 등은 유학이 宗敎的으로나 敎育운동으로시 근대적 적용과 전환을 할 수 있는 방향을 시사해 주었다는 점에서 중대한 의미를 남겨 준다고 하겠다.

'儒學近百年'의 이해와 정리는 큰 숲 속에서 나뭇잎을 헤아리는 만큼이나 넓은 범위와 깊은 내용과 많은 문헌을 포함하는 어려운 일이다. 그러기에 지금으로서는 명백하게 드러낸 것은 거의 없고 문제의 중요성만 강조해 보았다는 정도에서 의의를 찾을 수 있을 것이다.

더구나 복잡한 學派의 인물들 속에서 宗匠을 빠짐없이 드러내는 일에서부터 한 학맥 안에서도 인물의 계보와 비중을 정리하는 작업은 가장 기초적이고 선행되어야 할 것이지만, 이를 위해서도 앞으로 자료의 발굴과 조사에 상당한 시간과 인력을 들여야 할 것으로 생각한다. 그리고 그 사상의 내용을 분석하고 체계화하는 어려운 작업이 뒤따라야 할 것이다.

지금까지 극히 초보적이고 예비적 조사와 정리를 하는 동안에 가장 어려웠던 일은 문헌의 수집이었다.

어느 곳에도 온전히 수집된 곳이 없이 흩어져 있기 때문에 그것을 찾아다니는 어려움과 死藏되어 있어서 求得이 곤란했던 것이 결국 많은 누락을 가져왔고 균형 있는 계보의 윤곽조차 정리하지 못하고 말았다. 여기서 이러한 결함의 보완과 균형 있는 정리를 위한 노력이 앞으로 뒤따라 계속될 수 있도록 추진하고자 한다.

그 동안 필자는 한편으로 우리 사상사의 업적과 유산이 무관심과 방치 속에 전쟁을 겪으면서 수없이 소멸되어 갔던 것을 보면서 안타까움을 느끼기도 했고, 다른 한편으로는 전통의 美德인 孝心으로 문집을 그나마 보존하고 간행한 그들 후손들의 열과 성에 감복하기도 했다.

이 자리를 빌려 後孫이나 淵源의 人士들로부터 받은 협조와 격려에 가슴깊이 敬意를 표하고 감사를 드린다.

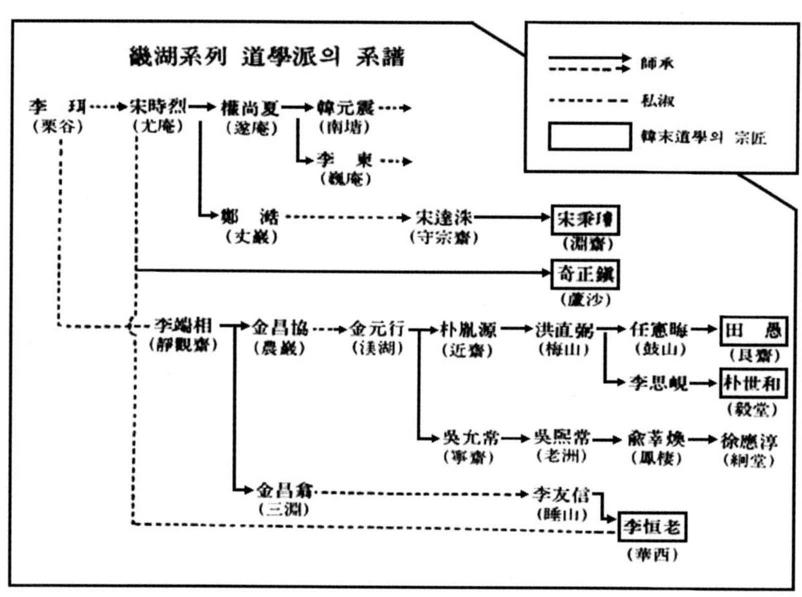

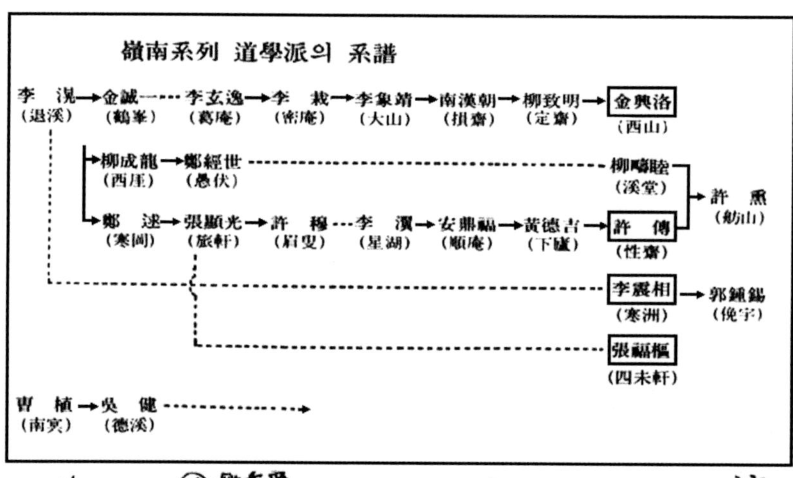

郭經世 → 孫 鄭布爵 鄭道應 → 子 鄭錫僑 → 孫 鄭宵源 → 子 郭義萬 禮集 名譚 → 國 立齋 朝宗魯

제1부
定齋學派의 도학

學派 / 淵源	人物
定齋學派	拓菴 金道和
	西山 金興洛
	西坡 柳必永(父)와 東山 柳寅植(子)
	省齋 權相翊
	秀山 金秉宗
	春樊 權命變
寒洲學派	寒洲 李震相
	后山 許愈
	俛宇 郭鍾錫
	韓溪 李承熙
	晦峰 河謙鎭
	省窩 李寅梓
	重齋 金榥
四未軒淵源	四未軒 張福樞
	恭山 宋浚弼
性齋淵源	性齋 許傳
	舫山 許薰
其他	溪堂 柳疇睦
	深齋 曺兢變

拓菴 金道和

年譜

字 達民, 號 拓菴, 貫 義城, 父 金若洙, 母 晋陽鄭氏, 配 固城 李氏.

1825년(純祖 25)＝9월 1일 慶北 安東군 一直면 龜尾동에서 출생.

1849년(25세)＝定齋 柳致明을 스승으로 모심.

1861년(37세)＝스승 定齋가 세상을 떠나자 叙傳을 짓고 스승과의 문답내용을 수록한 「記聞錄」을 작성.

1866년(42세)＝父親喪.

1871년(47세)＝外叔 鄭民秉을 따라 上京, 상소를 올림.

1877년(53세)＝母親喪.

1892년(68세)＝書齋를 짓고 후진교육에 전념.

1893년(69세)＝義禁府都事를 제수받음.

1896년(72세)＝義兵大將에 추대됨.

1905년(81세)＝「請罷五條約疏」를 올림.

1910년(86세)＝「請勿合邦疏」를 올리고 伊藤博文에게 「檄告統監文」을 보냄. 「慟哭詞」를 지음.

1911년(87세)＝일본학자 高橋亨이 총독의 밀명을 띠고 방문.

1912년(88세)＝8월 7일 세상을 떠남.

思想

退溪淵源의 正脈이 英祖때 大山 李象靖에게 이어졌고, 正祖·純祖
때 활동한 인물에 損齋 南漢朝와 龜窩 金㙆은 大山의 문인이고 立齋
鄭宗魯는 愚伏 鄭經世의 後孫이었다. 拓菴 金道和의 曾祖가 龜窩이
고, 그의 어머니 晋陽鄭氏는 立齋의 孫女요 損齋의 外孫女이다. 大山
의 학통은 損齋의 문인 定齋 柳致明에로 이어지고, 拓菴은 25세때
(1849)부터 定齋문하에서 修學하였다. 이처럼 拓菴은 가정에서나 학
통에서 退溪연원의 正脈에 깊이 뿌리내리고 있다.

拓菴은 定齋문하에서 수학한 학문의 범위와 정밀함을 「記聞錄」(79
條)에 수록하였고 스승의 傳記 「定齋先生叙傳」을 지어 定齋의 인품
과 학문을 서술하였다. 그는 또한 大山의 학문을 존중하여 "經傳의
의미는 이미 朱子가 저술하였고, 退溪가 부연하였으며 大山이 다시
발명하였다"고 언급하고 있다.

拓菴의 학문은 성리학의 기본문제에 기초를 두고 있다. 40代에 周
濂溪의 「太極圖說」과 朱子의 「玉山講義」 및 「仁說」 등을 抄錄하여 「
聖學眞源」을 편찬하고 연구하였으며, 「太極圖說」과 「西銘」 및 「玉山
講義」는 구절마다 자신의 해석을 붙여 「讀書瑣義」를 저술하였다. 그
는 특히 「太極圖說」의 深遠함을 강조하여 일생동안 힘써 연구하였다
하며, 姜楗·柳必永·姜必翼 등의 질문에 조목별로 분석 대답한다. 곧
動에서 陽이 나오고 靜에서 陰이 나오는 것은 對待의 本體를 가리키
고, 動에서 靜으로 또는 靜에서 動으로 변하는 것은 對待가운데 流行
의 작용을 가리킨다고 규정하며, 動과 靜이 서로 근거가 된다는 것은
流行의 작용을 가리키고 陰陽의 兩儀가 성립한다는 것은 流行 가운데
對待의 本體를 가리킨다고 규정하여 치밀하게 분석하는 논리적 추구
태도를 보여준다.

心性說의 四端七情 문제에서도 朱子가 "四端은 理의 발동이요, 七
情은 氣의 발동이라" 한데 비하여 退溪가 "四端은 理가 발동하는데
氣가 따라가고 七情은 氣가 발동하는데 理가 타고 있다"라 하여 四

端이나 七情에 主理主氣의 차이는 있지만 理와 氣가 공존하고 있음을 밝혔던 것이라 볼 수 있다. 「四七理發氣發說」에서 拓菴은 退溪에 있어서도 아직 四端과 七情이 완연히 갈라져 있다고 보면서 大山이 「四端에 따라가는 氣는 七情의 氣요, 七情에 타고 있는 理는 四端의 理이다」라는 규명이 四端과 七情의 연관성을 보다 잘 밝혀준 것이라 지지하였다. 곧 四端七情論의 복잡한 논쟁에서 朱子로부터 退溪에로, 그리고 다시 大山에로의 발전과정을 지적하고 있는 것이다.

心개념에 대해서는 拓菴은 琴錫命의 問目에 대답하면서 朱子와 退溪의 "心은 理와 氣가 결합한 것이다"라는 定義에 따라 心은 혈육 안에 있는 것이므로 本心이나 良心도 理와 氣가 결합된 가운데 理만을 가리킨 것이라 주장하여 心卽理說을 거부하고 있다.

그는 「天君說」에서 心(天君)은 의지의 城(意城)을 쌓아 邪惡의 外侵을 막고 총명의 臺(靈臺)를 넓혀 萬物의 造化를 밝게 거두어야 한다는 修養의 원리를 강조하였다. 또한 「防意如城說」에서도 意志가 마음(心)이 발동하는 것으로 善과 惡이 나뉘는 계기임을 지적한다. 그리고 의지의 발동은 거친 말을 다루기 어렵고 거센 물결을 막기 어려운 것처럼 통제력을 잃으면 마음을 보존할 수 없음을 경계하면서 성품의 外廓(性廓)에 의거하여 테두리로 삼고 믿음의 흙(信土)을 쌓아 견고하게 하라고 가르친다. 곧 의지는 성품을 벗어나지 않는 한계 안에서 작용하여야 하며 믿음을 굳은 기반으로 확보해야 할 것을 강조한 것이다.

拓菴의 禮學은 洪義欽, 李甲鍾, 崔東旭, 蔡星源, 金榮洙 등과의 문답에서도 나타나며 그 자신 退溪의 家禮에 관한 언급이나 大山의 禮說에 관한 견해들을 모아 「喪祭輯略」을 편찬하여 문인들을 가르쳤던 사실에서 禮說의 배경을 엿볼 수 있다.

拓菴의 생애에서 가장 강경하고 선명한 주장은 義理論에 나타난다. 「斥邪說疏」(丙子·1876)와 「請衣制勿變疏」, 「倡義陳情疏」(乙未·1895)의 上疏에서부터 乙未義兵 운동에 1896년 義兵將이 되어 인근 각처의 士林에 보낸 수없는 격문과 호소문에 이르기까지 復讐討賊의 春秋義理와 赴急死難(국가의 危急에 달려가 죽음)의 도리를 절규하였다. 80세가 넘어서도 「請罷五條約疏」나 「請勿合邦疏」로서 乙巳五賊을 討罪하고 宗廟와 社稷앞에서 君臣이 함께 싸우다 같이 죽어야 할 것을 상소하였다. 統監에게 항의하는 격문을 띄우고 각국 公使와 萬國에 대해 포고문을 지어 日本의 죄와 우리백성의 항거의 지를 밝혔으며 崔益鉉, 閔泳煥, 李在明, 安重根, 李 儁, 金舜欽 등의 略傳을 지어 義士를 推獎하기도 하였다.

拓菴은 退溪와 大山의 學脈을 지키며 강학에 전념한 道學者로서 定齋문하에서 가장 적극적인 抗日抵抗운동을 통하여 의리정신을 발휘하였던 대표적 인물이라 할 수 있다.

行蹟

安東에서 義城 大邱로 이어지는 국도를 12km쯤 달리다 보면 길 왼쪽에 朝鮮朝후기 성리학의 大家인 大山 李象靖의 宗家와 書堂이 잘 가꾸어져 있는 소호리가 나선다. 소호리를 가로질러 뚫린 소로를 따라 다시km 남짓 더 들어가면 南川변에 연해 있는 낮은 지대에 70여 호의 농가들이 들어차 비좁아 보이는 龜尾洞이 눈앞에 펼쳐진다. 慶北 安東郡 一直면에 속해 있고 義城 金씨들이 대를 이어가며 살아가고 있는 古色 짙은 마을이다.

一直면소재지를 거쳐 흘러내리는 美川과 義城서부터 내려오는 南川이 합류해 낙동강으로 흘러드는 合水지점 한쪽에 자리 잡은 龜尾洞은 마을을 둘러싼 산들이 온통 층층이 쌓인 붉은 바위로 이루어져 있어 赤壁을 연상케 하고 여기저기 흩어져 있는 亭子와 古家들이 정자나무·긴돌담과 어우러져 한폭의 산수화처럼 아름다운 고장이다. 가히 큰 선비가 나올만한 고을이라는 생각이 절로 들게 되는 곳이다.

拓菴 金道和(1825~1912)는 이 龜尾洞에서 태어나 투철한 의리정신을 실천하며 격동의 한 세기를 살았던 성리학자이며 大文章家였다.

지금 龜尾洞에 拓菴이 남긴 유적이라고는 그가 강학했던 곳인 泥山

亭이란 집 한 채와 胄孫인 金泳稷씨가 보관해온 유묵들이 몇 점 남아 있을 뿐이다. 家業을 이어오던 金泳稷씨 마저 지난 4월 62세로 세상을 떠나 이제 拓菴의 이야기를 제대로 전해줄 사람도 없다. 지금은 남의 땅이 되어버린 옛 拓菴이 살던 집터 곁에 金泳稷씨의 맏아들인 東鎬씨가 吉安면에 있는 吉松국민학교 교사로 일하면서 아직 고향을 지키며 살고 있다.

純祖때 禮曹參判을 지냈고 大山의 高弟로 文名을 떨쳤던 龜窩 金宏을 曾祖로 둔 名家에서 태어난 拓淹은 5세 때 벌써 문자를 해득해서 주위 사람들의 촉망을 받았다. 8세 때는 小學과 通鑑을 한번 읽고 한자도 틀리지 않게 암송했다고 전한다. 어려서 모든 책을 섭렵한 그는 20세를 전후해 그것이 '爲己之學'이 되지 못한다는 것을 깨닫고 성리학 서적에 몰두하기 시작, 25세 때는 定齋 柳致明의 문하에 들어가 정식으로 공부를 계속했다. 이 무렵 한때 그는 부모들의 기대를 저버릴 수 없어 과거를 보려 한 적도 있었지만 科擧의 문란함을 보고는 곧 과거시험공부를 포기해 버리고 朱子와 退溪의 학문 연구에 몰두했다.

拓庵의 講學所였던 泥山亭(앞건물)에서 바라본 龜尾洞전경. 뒤의 건물은 拓庵의 曾祖 龜窩 金㙉의 강학소였던 紫雲亭. 이 건물들은 이곳에서 5리쯤 떨어진 구천동에 있었던 것을 10여 년 전 이곳으로 옮긴 것이다.

拓庵의 家門에 전해오는 典籍(曾孫 金東鎬氏 所藏)

"兀然히 단좌한 채 冷氈은 얼음 같고 霜花가 滿壁한 데서도 선생은 오히려 따뜻한 온돌에 앉아 춥고 더움을 모르는 듯 닭 우는 소리를 듣고 잠시 누웠다가 새벽에 일어나기를 28년을 하루같이 하였다."

拓菴의 문인 柳鳳輝는 당시 학문에 몰두했던 스승 拓菴의 모습을 이렇게 기록해 전하고 있다.

스승 定齋와 父親이 세상을 떠난 뒤 그는 40여세의 나이에 이미 安東지방에서 도학자로서의 자리를 굳혀가고 있었던 것 같다. 그의 도학자로서의 명성은 점차 조정에까지 알려져 68세때는 遺逸薦으로 義禁府都事가 제수됐고 成均館의 直請司藝로까지 내정된 일도 있어, 拓菴의 명성이 높았다는 것을 짐작할 수 있게 해준다. 그때 그는 嶺南儒林의 泰斗로 추앙받는 걸출한 존재로 부각되어 있었던 것이다.

1895년 閔妃弑害사건이 터지고 뒤이어 斷髮令이 내려지자 민심은 흉흉해지고 풍전등화처럼 가물거리던 나라의 운명이 내리막길로 치닫기 시작했다. 이때부터 拓菴은 자신이 70평생을 보내며 탐구해온 성리학의 의리론을 실천으로 보여주기 시작한다. 민간에는 擧義討賊의 통문이 돌기 시작했다. 어떤 경로로 누구를 통해서 拓菴에게 전달되었는지는 알 수 없지만 "짐은 徇義軍을 이끌어 싸우다가 社稷에서 죽을 테니 中外의 義士는 한마음으로 짐의 뜻을 체득해서 宗社와 生靈을 위해 싸우라"는 高宗의 密詔가 내려졌다. 拓菴別集 上卷에 高宗의 「哀痛詔」가 실려 있다. "堂堂大義辨求伸 彊策衰軀躃後塵 一片肝腸隨處照 生生死死誓相因"(당당한 大義를 펴고야 말 것이/늙은 이몸 막대짚고 뒤를 따라 나섰소/한조각 붉은 마음 간곳마다 서로 통함을/살아도 죽어도 맹세코 서로 도우리) 「胡左召募討賊大將 徐相烈에게 보낸 詩」

1896년 古稀를 넘긴 나이에 의병대장에 추대되어 陣頭에 서서 督戰하던 그는 패퇴하여 흩어진 安東 義兵陣(대장 星臺 權世淵)을 다시 수습, 崔世允(迎日)을 亞將으로 삼아 安東 義兵陣을 재결성하고 尙州 咸昌 胎峯에 주둔한 일본 수비병을 공격했으나 그 결과는 비참한 패전일 수밖에 없었다. 다시 의병을 모아 병력을 보강, 다소의 전과도 올렸으나 密詔의 내용과는 정반대로 의병해산을 촉구하는 高

宗의 綸音을 받고 拓菴은 의병을 해산하게 된다.

"왕명을 빙자한 親日內閣이 파견한 관군들이 형벌과 살육을 일삼고 臺臣들을 결박해 국가의 명분을 壞敗했다고 하고, 선비들을 도륙해 국가의 元氣를 손상시켰으며, 어린아이들은 책을 끼고 가다가 被刑을 당하고 婦女들은 길쌈을 하다가 被死를 당하고 山谷의 樵夫는 섶을 지고 길에서 죽고, 田野는 농민의 쟁기를 지고 서서 맞아 죽으니, 어지럽게 쏘는 총알이 우박 퍼붓듯하고 피가 흘러 내를 이룹니다. 前日의 哀痛의 敎에 밝힌 恩諭布告의 뜻과는 일절 상반되오니 전하의 赤子(人民)로 하여금 전하의 兵刃앞에서 모두 죽게할 작정이십니까. 氣像이 愁慘해서 이 원통한 부르짖음이 漲天합니다. 전하께서는 어찌 백성으로 하여금 이에 이르게 하십니까."

의병을 해산한 뒤 올린 「自明疏」에서 拓菴은 참담했던 당시의 정황을 알리면서 자신의 울분을 토로하고 있다.

拓菴은 의병을 해산하라는 왕명을 전하러온 암행어사 張錫龍 鄭宜默 金近始 등에게도 "上帝가 인간에게 부여한 것 가운데 임금과 부모에게 보답하는 것이 가장 중요한 의리이고 孔子가 春秋를 지은 것도 복수한다는 것이 가장 큰 의리"라고 강조하면서 명문가에서 의리정신을 배우고 자란 당신들도 우리와 함께 원수를 토벌하는 것이 마땅한 일이라고 오히려 타이르고 있다.

拓菴의 문집에는 1896년 무렵 의병의 상황을 짐작해 볼 수 있게 하는 흥미있는 기록들이 많이 수록되어 있다.

拓菴은 "檄告鄕道文 嶠南七十一洲縉紳章甫僉君子"(영남의 벼슬했던 사람, 안한 사람 등 모든 군자에게 고한다)라는 격문에서 의병을 일으키는 것에 대해 9가지 유형의 인물이 있다는 것을 나열하면서 예리하게 지적하고 있다.

향토를 보전한다고 문호를 닫고 있는 사람, 자신의 一族을 단속 강 건너 불 보듯 하는 사람, 편안히 쉬면서 조롱하는 사람, 방황하면서 결단을 못 내리는 사람, 시작과 끝이 상반되는 사람, 이해관계에 이끌리는 사람, 뜻은 있지만 위협에 겁을 먹은 사람, 나가고자 하지만 친족에 만류되는 사람, 재물이 아까워 성공하지 않기를 바라는 사람 등이다.

특히 西山 金興洛에게 "요즘 듣건대 그대가 문호를 닫고서 일어나지 않는다고 하니 이번 21일 회의에 그대가 한번 참석해 준다면 軍門에 크게 생색이 날 것"이라고 한 편지를 보면 당시 유림의 지도급 인사도 擧義를 망설이고 있던 사람이 많았다는 것을 알려주고 있다.

俛宇 郭鍾錫 역시 "公이 나에게 같이 擧義하기를 바라는 편지를 보냈는데 내가 위축되어서 그 명을 따를 수 없었다"고 拓菴의 「壙誌」를 쓰면서 그것을 죄라고 스스로 뉘우치고 있는 것도 그런 예에 속한다.

"차라리 한사람의 손에 죽을지언정 만인의 입에 오르내려 매장되고 싶지 않고, 지금 사람의 쇠망치에 맞아 쓰러질지언정 어찌 차마 평안히 죽어서 뒷사람들의 筆誅에 죽을까보냐."

의병을 해산한 뒤 龜尾洞에 돌아와 비통한 마음을 文筆로 달래고 후진을 길러가며 하루하루를 보내다가 庚戌合邦의 소식을 듣는다.

"통곡하지 않은 날이 없건만/슬프다 아직 죽지 못한 몸/홀연히 虞夏는 망해 버려/어느 누가 攝政(齊나라 俠士) 荊軻(燕나라 俠士)를 짝하리/밤낮으로 한탄하는 눈물로 젖어 있고/머리에는 栗里(陶淵明의 은거지)의 冠이 부끄러우이/바라건대 大鵬을 타고 하늘에 올라/上帝에게 울분을 호소하고 싶네"(嶺南大 李完栽 교수 譯)

合邦소식을 듣고 실성한 듯 통곡하던 拓菴이 남긴 「慟哭詞」에도 그의 굽힘없이 한결같은 의리정신은 그대로 살아있다.

'合邦大反對之家'라고 큼직하게 써서 대문에 붙여 놓고 두문불출하며 지내던 그에게 1911년 1월 일본의 저명한 학자인 高橋亨이 찾아왔다. 총독의 밀명을 띠고 찾아온 것이다. 高橋亨이 斯文을 진작시켜 달라고 부탁하자 拓菴은 "亡國孤臣으로 무슨 말을 하랴. 朝夕으로 죽고자하는 마음뿐이다. 다만 바라는 것은 옛 임금을 奉還하고 옛 문물제도를 지속코자 할 뿐이다"라고 대답했다고 전한다. 高橋亨이 詩 한수를 청했다. 拓菴은 즉석에서 이렇게 詩 한수를 지어 주었다.

"천지의 밝은 빛 陰氣로 가득한데/江湖에 살아남은 늙은이가/원하노니 죽어 首陽山 기슭에 묻혀/魂이라도 돌아가 옛 君親을 뵙고자하네."

그가 87세 때의 일이다.

拓菴은 原集 36卷 18冊, 續集 14卷 6冊과 附錄 2책, 別集 2冊 등 방대한 文集을 남기고 그가 태어난 龜尾洞에서 88세라는 긴 생애의 막을 내렸다.

그의 문하에서는 東山 柳寅植, 悟軒 金鴻洛, 金容禧, 海窓 宋基植, 野山 鄭昌朝, 梭山 金寅洙, 石菴 洪義欽 등 4백여 명의 문인들이 배출되었다.

西山　金興洛

年譜

1827년(純宗 27)＝10월 25일 安東府 金溪(현 慶北 安東군 西後面 金溪동)에서 鶴峯 金誠一의 11대 종손이요 義城金氏 鎭華의 아들로 출생.

1841년(15세)＝眞城 李씨를 부인으로 맞음.

1843년(17세)＝「諸訓集說要覽」 지음.

1845년(19세)＝定齋 柳致明에게 나아가 受學. 「困學錄」을 편찬하고 「初學箴」 「畏天說」 지음.

1850년(24세)＝父 金鎭華 죽음.

1852년(26세)＝「家禮儀」를 撰함.

1854년(28세)＝「入學五圖」를 완성시키고 「主一說」을 지음.

1855년(29세)＝스승 柳致明이 景慕宮典禮를 청한 상소사건으로 全羅道 智島로 귀양감.

1861년(35세)＝定齋 柳致明 죽음.

1862년(36세)＝母喪.

1866년(40세)＝「程朱格致說圖」와 「敬齋箴集銳圖」 완성.

1878년(52세)＝집 서쪽 伏屏山에 西山齋를 지음.

1882년(56세)＝司憲府 持平에 임명되었으나 취임하지 않음.

1894년(68세)＝承文院 右副承旨 寧海府使에 임명됐으나 상소를 올려 사직함.

1895년(69세) = 閔妃시해소식을 듣고 향리의 士林과 성토할 의논을
　　하였으나 실행하지 못함.
1899년(73세) = 10월 11일 죽음.

思 想

　西山 金興洛은 退溪의 高足이었던 鶴峯 金誠一의 11대 종손으로서
家學의 연원이 깊었고, 定齋 柳致明의 문하에서 배워 학통을 이음으
로써 退溪학파의 정맥을 韓末에까지 계승한 인물이다.

　그는 15세 때 이미 眞德秀가 편찬한 「心經」을 읽어 성리학의 持敬
心法을 익혔다. 17세 때는 聖賢의 격언을 뽑아 「諸訓集說要覽」을 꾸
미면서 程子·朱子·退溪의 말씀 속에 敬에 관한 조목을 모아 첨부
하고 있다. 이것은 곧 마음을 바르게 기르고 성찰하는 원리와 방법
을 정립하는 것이다.

　또한 그는 "뜻은 굳게 세우며(立志完固), 마음은 평탄하게 지키고
(持心坦平), 동작은 침착하게 하며(起居安詳), 말은 부드럽게 해야
한다(言語和緩)"하여 수양하는 자세의 원칙을 간명하게 제시하였다.
그리고 19세 때에 가정과 師友의 훈계나 격인을 모아 「困學錄」을 편
집하고 또 「初學箴」과 「畏天說」을 지었던 사실도 그 스스로 수양의
방법을 체계화시키고 있음을 보여 준다.

　이 무렵 定齋에게 나아가 經學과 성리설을 정밀하게 연마하면서 大山
李象靖의 「敬齋箴集說」에 관해 질의토론하고 있다. 「敬齋箴」은 朱子가
지은 것으로 道學에 있어서 心性修養論의 典範이 되어 왔으며 王柏이
「敬齋箴圖」를 만든 것을 退溪가 「聖學十圖」 속에 수록하였던 것이다.
이러한 敬의 실천적 구명에 대한 관심으로 退溪학파의 正脈 속에서 大
山이 「敬齋箴集說」을 편찬하였다. 그리고 다시 西山은 「敬齋箴集說」을
20세 때 스승 定齋와 토론하였으며, 40세 때는 그 자신이 「敬齋箴集說
圖」를 작성하였고, 44세 때에도 李晩殼과 토론하고 있는 것은 居敬 공

부가 그의 일생과 학문체계 전반을 관찰하는 주제이었음을 알 수 있게 한다.

또한 「拙修要訣」을 편찬한 것도 성찰하고 수양하는 방법과 절차를 규정하는 것으로서 그 자신이 독실하게 실천하였던 것이다. 또한 그는 「主一說」을 지어 마음을 한결로 거두어 지키는 것이 사태의 변화에 대응하는 데도 한결로 집중된 마음에 따라 발현되어야 함을 강조함으로써 마음과 행위가 일관되어야 하는 敬의 근본정신을 밝히고 있다.

西山은 28세 때(1854) 「入學五圖」를 저술하여 道學정신에 따른 학문의 방법을 체계적으로 구성하여 제시하였다.

여기서 그는 학문의 방법에 立志·居敬·窮理·力行의 4가지 기본구조가 있음을 지적하고 "뜻을 세워야(立志) 마음에 기준과 나아갈 방향이 드러나며, 敬에 머무르는 것(居敬)은 뜻을 지키는 방법이요, 이치를 추구하는 근본이 되며, 이치를 추구하는 것(窮理)은 善을 밝혀서 德을 향상시키는 기반이 되며, 힘써 실행하는 것(力行)은 자신에 돌이켜 성찰하여 밝혀진 이치를 실천하는 것이라" 하여 이 4가지 기본구조가 갖는 상관관계의 유기적 긴밀성을 밝히고 있다.

그는 立志에서 義와 利에 길이 갈라짐을 지적하고 학문에서는 진리(道)에 뜻을 두며, 사람에서는 聖人에 뜻을 두어야 한다는 立志의 표준을 제시하였다. 그리고 居敬에서 한 마음이 자신을 통제(主宰)하여 모든 일의 근본이 되어야 함을 강조하고 생각과 행동의 모든 삶의 현실 속에 시작에서 끝까지 철저히 敬으로 관찰할 것을 요구하였다. 또한 窮理는 마음을 비우고 생각을 고요하게 하여, 마땅한지 아닌지에 따라 대처하고(處當否), 올바른지 간사한지를 살피고(察邪正), 도덕과 의리를 밝혀야(講道義) 한다고 제시하였다.

力行에서는 자신을 수양하고 일에 대처하며 사물과 교섭하는 데 있어서 독실하게 실천할 것을 강조하고 敬으로 마음속을 곧게 하며(敬以直內) 義로 바깥에 나타나는 행동을 바르게 하여(義以方外) 근본을 확립하고 진리를 실행하도록 요구하고 있다.

西山이 「入學五圖」나 「敬齋箴集說圖」를 비롯하여 「程子格致說圖」

와 「朱子格致說圖」 등 圖說을 작성하고 있는 것은 조선시대 성리학의 발생기를 대표하는 權近의 「入學圖說」과 융성기를 대표하는 퇴계의 「聖學十圖」에서나 宋代 성리학의 발단을 이루는 周濂溪의 「太極圖說」에서 보여 주는 학문의 체계적 인식을 圖象을 통해 집약적으로 제시하는 작업이라 할 수 있을 것이다.

학문체계를 圖象으로 제시할 때 한 세계의 다양성이 종합되어 구조적으로 파악되고 있는 것이며 그리고 이 집약적으로 통일원 하나의 圖象으로부터 연역적 사유가 다양하게 전개되어 나올 수 있게 된다. 「入學圖說」에서 「聖學十圖」를 거쳐 「入學五圖」가 제시되는 과정은 한국유학의 사상사적 성숙과정을 보여 주면서 연면한 연속성을 보여 준다고 할 수 있겠다.

西山은 스승 定齋를 비롯하여 선배 李晚愨이나 제자 崔正基 崔憲植 權錫夏 姜楗 등과 書翰으로 성리설 및 經學에 관해 정밀한 토론을 전개하였지만 다른 학파의 학설에 대한 논쟁적 토론은 거의 없다.

「論語箚疑」 등 경전 주석의 의문점을 검토한 저술에서 그가 經學에 깊이 천착하고 있는 학문적 관심을 알 수 있다. 그만큼 그의 성리설과 經學은 退溪학파의 朱子學的 정통성 속에서 自足的인 면모를 보여 준다. 그리고 그는 「家祭儀」를 저술하여 祠堂 四時祭 忌日 墓祭 士神祭의 儀節을 체계적으로 정리하면서 '考訂正至陳設之圖', '飯薦新圖' '新定墓祀圖' 등 陳設방법을 검토하여 기준이 될 수 있는 양식을 圖解하였던 것은 禮學의 실천적 정립을 추구한 것이다.

西山은 乙未事變(1895) 때 義擧를 논의한 일이 있지만 韓末의 격변을 바라보면서 너무나 고요히 山林 속에서 학문에만 전념하였던 것은 그의 학풍이 斥邪義理論보다 心性修養論의 內向性에 집중되고 있는 특징의 일면을 엿볼 수 있게 한다.

行蹟

西山 金興洛(1827~1899)은 鶴峯 金誠一의 11대 종손으로 退溪 李滉으로부터 金鶴峯→葛庵 李玄逸→密庵 李栽→大山 李象靖→損齋 南漢朝→定齋 柳致明으로 이어지는 退溪학통의 정맥을 이어받은 인물이다.

한국의 聖賢으로까지 추앙받았던 退溪의 학맥을 이은 西山의 위치는 西山을 嶺南학파의 宗匠이 되게 했고 그는 退溪의 학문을 그대로 이어받아 韓末 유학의 거봉을 이루었다.

아무리 고매한 인격과 학식을 지닌 선비라 할지라도 西山의 인정을 받지 않으면 선비로 떳떳하게 행세를 못했을 정도로 嶺南에서의 西山의 명성은 대단했다.

여러 번 관직이 내려졌어도 한 번도 그 직에 나간 적이 없는 학자였던 西山은 그 학문도 학문이려니와 嶺南의 상징적 인물로 추앙되었던 학자였다고 해도 과언은 아닐 것 같다.

慶北 安東군 西後면 金溪 동— 安東市에서 醴泉가는 길로 나가다가 松夜川변을 따라 뻗은 소로를 20리쯤 들어가다 보면 길 오른편에 西山이 태어난 생가가 나선다. 鶴峯이 나서 자란 곳이기도 한 이宗家는 13대째 내려오는 집인데도 옛 모습을 그대로 지니고 있다. 書室이 딸린 사랑채인 風雷軒에 이어져 안채가 들어서 있고 사랑채 뒤에 家廟가 세워진 전형적인 古屋이다. 본래는 이 집에서 2백m쯤 떨어져 있는 召福山 기슭에 세워졌던 것을 20여 년 전에 현 위치로 옮긴 것이라고 한다.

옛 집터에는 1936년 西山을 추모하기 위해 세운 邵溪書堂과 5백년은 되었을 법한 盤松 한 그루가 서 있을 뿐 일대는 과수원으로 변해버렸다.

西山의 生家

邵溪書院

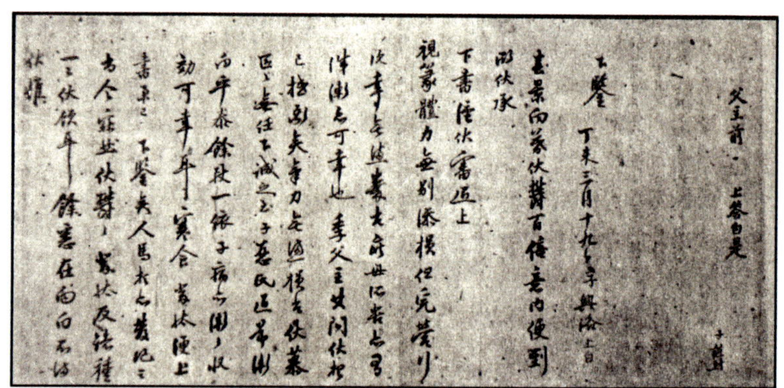

西山이 부친에게 보낸 서한

"옛날 嶺南에서는 책이 제일 많은 집이었다고 했지요. 그러나 6·25동란 후 흐지부지 없어져 겨우 1천여 권이 남았어요."

西山의 종손인 金時寅씨(67·농업)의 말처럼 嶺南에서 제일 많았다는 책도 일부만 남아 있고 西山이 남겨 놓은 것이라고는 文集과 임지에 가 있던 부친에게 어릴 때부터 보낸 西山의 편지들만이 서첩으로 묶어져 있을 뿐이다.

멀리 鶴駕山을 바라보며 작은 구릉에 둘러싸인 金溪洞에는 2백여 호의 농가가 구릉 밑에 띄엄띄엄 흩어져 있는데 그 중 50여 호가 토박이 義城 金씨라니 아직 義城 金씨들은 이곳에 단단히 뿌리를 내리고 있는 셈이다.

"그 어른께서는 벌써 4살 때 '東西南北上下' 6자를 쓰셨고 5살 때 千字文을 떼셨으며 「史略」, 「通鑑」, 「唐宋詩」까지 읽으신 신동이었답니다."

"6살 때 그 분이 지은 시중에 '飛將衝天 鳴將驚人'이라는 것이 있지요. '날면 장차 하늘을 찌를 것이요, 울면 장차 사람을 놀라게 할 것이다'라는 뜻이지요. 요즘 같으면 생각도 못할 일이 아닙니까."

金溪洞 사람들에게는 西山이 이 마을에서 난 神童으로 알려져 있다.

西山의 부친이 초례床을 받았을 때 꿩 한 쌍이 날아와 앉는 길조를 보였고 西山이 병에 걸려 위독했을 때 한겨울 눈 위에 뱀이 나와 그것을 고아 먹고 나았으며 또 西山이 꿈속에서 孔子를 만나 경구가 적힌 笏을 받았고 죽기 하루 전에는 큰 별이 마루에 떨어져 사방을 환하게 비쳤다는 등 西山에 대한 이야기들은 전설처럼 마을에 전해 온다. 西山이 孔子처럼 되기를 기대했던 옛 마을 사람의 바람을 이런 이야기들에서도 짐작해 볼 수 있어 흥미롭다.

西山은 鶴駕山 아래 이곳 金溪洞에서 태어났다. 綾州牧使를 지낸 金鎭華의 맏아들로 태어난 그는 3년이 지나도 자식을 보지 못한 부친이 鶴駕山에 올라가 백일기도를 올린 뒤 태어나 부모의 귀여움을 독차지하며 자랐다.

어려서부터 남달리 총명했던 그는 16세 때 벌써 '年多學不成 歎余失步人'(나이는 많아져도 학문 성취 못하여서 내 이에 진보하지 못할

까 탄식하노라)이라는 詩를 지어 스스로를 경계할 줄 알았다.

'立志須要完固 持心須要坦平 起居須要安詳 言語須要和緩'(뜻은 굳게 세우며 마음은 평탄하게 지키고 동작은 침착하게 하며 말은 부드럽게 해야 한다) 西山이 역시 17세 때 지었다는 이 自警詩 한 수에서 벌써 그의 학문의 방향이 心性修養으로 기울어져 있음을 엿볼 수 있다. 그는 뒤이어 옛 聖賢의 격언을 모아 「諸訓集說要覽」을 짓기도 했다.

19세 때인 1845년 定齋 柳致明에게 가서 그의 제자가 되는 禮를 마친 西山은 본격적인 학문의 길에 들어섰다.

西山은 공부하는 방법도 엄격하게 규정지어 놓고 그대로 실현했다. 매일 글 50~60줄씩을 아침에 30번, 낮에 1백 20번, 밤에 1백 50번씩 읽고 여가에는 經의 小註를 보았다. 또 글씨도 4차례씩 익혔는데 한 번에 꼭 4줄씩 썼다. 밤에는 또 先儒의 문집을 10장씩 읽었고 봄·여름에는 詩文과 賦·義를 3편씩 매일 지었다. 程子·朱子·退溪가 '敬'에 대해 말한 것은 빠짐없이 초록하고 그 곁에 스스로 반성하는 글을 써 넣었다.

그는 약한 몸을 마음의 수양으로 다스려 가면서 학문에 열중했다.

"자네 병이 낫고 안 낫는 것이 斯文에 관계가 크니 하늘 뜻이 어떠할까?" 스승인 定齋 柳致明이 병석에서 이렇게 걱정할 정도로 병치레를 많이 한 西山은 그래도 73세의 장수를 누렸다.

52세 때 伏屏山 아래 西山齋를 짓고 학문을 연구하면서 향리의 이곳저곳에서 열리는 講會에서 강의하고 鄕飮酒禮를 베풀며 지내던 西山은 점차로 급격하게 밀어닥치는 개화의 물결을 못 본 듯이 외면해 버렸다.

御史가 書吏를 보내 「黃遵憲私議」, 兪吉濬이 지은 「西遊見聞錄」을 보내 왔어도 보지도 않고 돌려보내 버렸다.

관직에는 아예 뜻이 없었다. 43세 때 御史 朴瑄壽가 隱逸로서 천거해 仁陵參奉에 임명되고 뒤이어 朝奉大夫 司饔院主簿로 옮겼다가 慶尙都事로 移任되었어도 나가지 않았다. 56세 때도 司憲府持平에 임명됐으나 상소를 올려 사양했고 68세 때는 承文院右副承旨, 寧海

府使를 제수했으나 그 직에 나가지 않았다. 그러나 64세 때인 1890년 安東邑에서 폭풍이 발생했을 때는 백성의 두터운 신망을 한 몸에 지녔던 西山이 나섬으로써 평온을 되찾기도 했다. "무릇 民情은 順하면 따르고 逆하면 뿌리친다"고 했던 당시의 西山의 효유는 성난 백성들을 무마시켰다.

1899년 10월 병이 위중해진 西山은 "문호를 보수하는 데는 배(舟)에 구멍이 나서 물이 새어 오를 때 헌 옷가지로 막아 물이 새지 아니하도록 하여야 함과 같다"고 문인들에게 나라의 문호를 개방하는 것에 대해 경계하면서 "나의 호는 西山이라고 하는 자도 있었으나 病翁 두자가 하늘이 준 호이다. 벼슬에는 한 번도 나간 적이 없으니 '徵士 聞韶金公'이라고만 銘旌에 쓰라"고 말한 뒤 숨을 거뒀다.

"살아계셨을 때 학문·도덕이 높으셨기 때문에 돌아가신 후 회장꾼이 6천여 명이나 모였지요. 輓詞·祭文만 베낀 것이 15卷이나 됩니다." 종손 時寅씨의 말처럼 嶺南유림의 상징이었던 西山은 뭇사람들의 호곡 속에 조용하게 사라져 갔다.

西山이 일생을 기울여 지키며 간직했던 학문의 근본은 '敬'이었다. 그는 스스로 "聖賢의 수많은 말 중에 '敬'보다 더 중요한 것이 없고 朱子가 잡은 것도 '敬'이었다"고 말하기도 했다. 그에게 있어서 '敬'은 유학의 학문적 근본자세로 중시되어 '유학의 시작이요 끝'(敬者 聖學之始終也)이라고까지 강조되고 있다. 西山은 인간의 마음 본래의 이상을 잘 지켜 가는 기본 태도를 '敬'이라고 믿고 그 '敬'에서 만사에 응하는 근본이 나온다고 보았다.

그 마음을 지키는 자세는 집중적이고 통일된 상태(主一無適)이어야 하며 선입견·편견·私見 등 아무것도 담아 놓아서는 안 된다(不容一物). 그러기 위해서는 행동은 항상 정제되고 엄숙해야 하며(整齊嚴肅), 항상 각성되어 있는 상태에 있어야 한다(常時惺惺). 그 구체적 행동양식은 아무것도 안 보이고 안 들리는 곳에서 경계하고 의관을 바르게 하며 용모를 엄숙하게 하고 생각을 바르게 하는 것이다. 그렇게 하면 안으로는 망념이 없어지고(內無妄念) 망령되게 교류하는 것이 없어진다(外無妄接).

西山은 '居敬圖'를 그려 이렇게 설명해 가고 있다.

'敬以直內 義以方外'(경으로써 속을 곧게 하고 의로써 밖을 바르게
한다)라는 것은 敬이 인간의 내면적 수양원리라면 義는 현실 속의
행동원리를 말하는 것이다. 그러나 敬이 없이는 義가 있을 수 없다.
예를 들어 설명하면 정신적 기반이 없는 사회정의 구현이란 이루어
질 수 없다는 것이다.

西山이 외세가 밀려드는 사회 속에 살면서도 斥邪衛正論者들처럼
행동하지 않고 침묵을 지켰던 것도 그가 이처럼 心性修養說에 기울
어져 있었기 때문이었던 것 같다. 또 그것은 감히 異論을 제기할 수
없는 退溪·鶴峯 등 先儒의 학맥의 정통을 이어가야만 하는 운명에
처했던 西山의 당연한 귀결인지도 모른다.

西坡　柳 必 永(父)과
東山　柳 寅 植(子)

年譜(柳必永)

1841년(憲宗 7)＝3월 9일 지금의 慶北 安東군 禮安면 舟津 2리
　　三山 마을에서 全州柳氏 定鎭의 아들로 출생.

1852년(12세)＝定齋 柳致明에게 수학.

1864년(24세)＝李彙載·琴書述이 陶山書院에서 열었던 강회에
　　참석.

1887년(47세)＝族叔 柳廷鎬와 정기적으로 강회를 열고 鄕飮禮를
　　행함.

1895년(55세)＝乙未사변이 일어나자 擧義를 주창.

1906년(66세)＝三山리에 枕山亭을 짓고 강학.

1919년(79세)＝巴里長書에 서명.

1924년(84세)＝11월 28일 죽음.

年譜(柳寅植)

1865년(高宗 2)＝5월 3일 지금의 慶北 安東군 禮安面 舟津 2리 三
　　山마을에서 西坡 柳必永의 아들로 출생.

1877년(13세)＝拓庵 金道和에게 수학.

1893년(29세)＝과거를 보기 위해 上京했으나 과거제도의 문란을
　　　보고 응시하지 않고 귀향.
1895년(31세)＝乙未사변이 일어나자 李中業 李相龍 柳昌植 朴在重
　　　등과 淸凉山에서 擧義, 관군에게 패함.
1902년(38세)＝삭발을 하고 개화주의자가 됨.
1903년(39세)＝동지들과 大韓協會 창설.
1907년(43세)＝安東군 臨川면 내앞(川前)에 協東학교를 창설, 교장
　　　으로 취임. 자기집 奴婢를 해방시키고 嫡庶의 차별을 폐지.
1911년(47세)＝北滿으로 망명, 6개월 뒤 입국, 다시 출국하다 검
　　　거됨.
1913년(49세)＝羅喆이 大倧敎를 창설하자 참여.
1920년(56세)＝李商在 兪鎭泰 등과 조선교육협회 창설.
1927년(69세)＝서울에서 權東鎭 洪命熹 등과 新幹會를 창립 安東
　　　支會의 회장이 됨.
1928년(64세)＝4월 28일 죽음.

思 想

　　西坡 柳必永과 東山 柳寅植은 父子間으로 安東圈에서 退溪의 학통
을 계승하면서 近百年의 격변기를 통하여 유학이 문제로 안고 겪어
왔으며 또한 겪어야 할 변천 과정과 방향을 전형적으로 보여 주는
인물이다. 西坡는 12세 때부터 定齋 柳致明의 문하에서 수학하였고
21세 때 定齋가 세상을 떠난 뒤로도 家學을 이어받으면서 定齋문화
의 동문선배인 頤齋 權璉夏, 愼庵 李晚慤, 西山 金興洛, 拓庵 金道和
등과 교류하여 학문을 연마하였다. 또한 東山도 家學을 계승하면서
13세 때부터 拓庵의 문하에서 수업을 받아 퇴계학파의 정맥을 이어
왔다.
　　西坡의 학문방법론에 따르면 "공부하는 단계에서는 四書가 六經보
다 앞서야 하지만 義理의 핵심에서는 六經이 뿌리가 되고 四書가 가

지가 된다"고 하여 六經의 비중이 강조되고 있다. 이러한 經學的 입장은 그의 家學으로부터 받은 영향이 고려될 수 있을 것이다. 西坡의 5代祖인 三山 柳正源은 周易의 연구에 깊어 「易學參攷」를 저술하였으며 西坡는 이를 校正하여 간행하였고 그 자신도 易學에 깊은 관심을 보였다. 周易乾卦의 上九爻에 대해 '亢龍이나 有悔니라'라고 토를 달고 있는 데 대해 '亢龍이면 有悔니라'라고 토를 고치면서, 易의 정신이 吉凶을 단정하는 숙명론에 있는 것이 아니라 경계하여 도리를 훈계하는 윤리적인 것임을 지적하고 있다.

西坡는 「觀物錄」과 「備塞錄」을 저술하여 자신의 학문적 체득을 보여 주면서도 性理說에 대해서는 뚜렷한 쟁점이나 이론을 제시하지 않는다. 여기서 그는 자연의 필연적 두 요소인 陰陽의 형식으로 男·女, 君子·小人, 中國·外夷, 正學·異端의 대립적 갈등을 설명하며 역사적 혼란과 쇠퇴도 陰이 陽을 극복하여 우세하기 쉬운 현실로 해명하고 있다. 따라서 개인의 생활이나 역사적 현실에서 陰 내지 惡의 성행을 경계하는 도덕적 수양론을 강조하며 陰陽의 分數와 進退·存亡의 機微를 파악하여 허물을 보완하고(補過無咎之道), 어려운 상황에 대처하는 방법(處凶得吉之方)을 易의 원리로 중시하였던 것이다.

그는 역사적 사건이나 인물을 의리론적 입장에서 논평하는 단편적 史論을 다양하게 제시하여 역사에 관한 깊은 관심을 보여 주고 있다. 「記金澤榮史繁誤」에서 金澤榮의 「韓史繁」에 朝鮮太祖의 易姓혁명이나 世祖의 왕위찬탈을 簒弑라고 비난한 것에 대해 先王을 모욕하는 것이라 비판하며 史論의 直筆이 갖는 直의 바른 뜻이 아비가 자식의 허물을 덮어 주는 「父爲子隱」 속에 있음을 지적하였다.

東山도 家學을 이어 역사에 깊은 관심을 가졌다. 그의 「大東史」(21권 11책)는 檀君朝鮮 이후로 高麗이전까지 우리나라가 南朝와 北朝로 나뉘어졌다고 파악하여 南朝에는 箕子朝鮮을 거쳐 三韓과 百濟및 新羅가 포함되고 北朝에는 扶餘를 거쳐 예맥·옥저·女眞·肅愼·靺鞨·衛滿 등과 高句麗 및 渤海가 포함되는 구조를 제시한다. 또한 大東의 朝鮮이 만주대륙을 포함한 판도로 설정되었고 倍達族은 朝鮮族을 비롯하여 北扶餘族·예맥族·沃沮族·肅愼族을 포함하는 것으로 제시하여 민족의식을 확장적으로 적용하고 있음을 보여 준다. 그는 金澤榮의 「韓史綮」에 慕華的 事大主義의 요소를 조목 별로 비판하는 「金史記誤」를 지었으며, 「大東詩史」를 편찬하면서 詩를 통해 우리 역사의 시대 정신을 드러내 주고 있다.

西坡도 乙未사변(1895) 때 擧義를 주창하고 己未年(1919) 巴里長書에 서명하여 抗日義理를 확고히 밝혔지만 東山은 乙未義兵에 직접 참여하였다가 官軍에게 패배하여 10년에 걸쳐 피신을 다니는 동안 철저한 抗日 정신과 민족의식에서 한 걸음 나아가 開化사상에로 전환하였다. 東山이 開化論에로 전환하게 되는 과정에는 1903년 서울에 올라와 時局의 변화를 목격하고 柳謹・張志淵・申采浩 등과 교류하면서, 특히 申采浩와 토론을 하고 梁啓超 등의 저술을 읽었던 것이 계기가 되었다.

東山은 儒學의 진실성에 대한 확고한 신념과 역사적 현실에서 나라의 쇠망이 전적으로 儒林에 있다(今日民族之責專在於儒林)고 지적하면서 철저한 반성적 비판을 수행하고 있다. 곧 「太息錄」에서 정부와 유림의 부패현상을 조목별로 열거하고 전반적으로 제도와 名分이 虛僞에 젖어 있음을 예리하게 비판하였다.

그는 보수적 道學者들의 격렬한 비난을 받으면서도 서양문물의 新學을 받아들여 백성을 교화하는 길이 멸망한 나라를 구제하여 독립의 기반을 닦는 길이라는 일념으로 애국 계몽운동에 주력하여 協東學校를 세우고 朝鮮敎育協會 창설에 참여하는 등 교육운동에 헌신하였다. 그 자신이 스스로 削髮하면서 "心性理氣(性理學)가 前日의 학술이라면 氣化聲光(自然科學)은 오늘의 학설이요, 峨冠法服이 전일의 禮俗이라면 洋裝削髮은 오늘의 예속이라"하여 개화의 정당성을 주장하였다.

상황이 궁색하면 통하게 하고 시대가 변하면 제도를 바꾸는 것(窮通變易)이 진리(道)임을 역설하였으며 스승 拓庵에게도 新學 수용과 유학 개혁의 필요성을 제시하고 있다.

그러나 東山은 「學範」에서 立志・養心을 비롯하여 倫理學에서 宗敎思想에 이르기까지 15項에 걸쳐 체계적으로 제시하고 있는 것처럼 개혁론을 통해 유학의 진정한 정신을 재발견하고 실현하려는 입장을 밝히고 있다. 그만큼 그는 反儒學的 開化派가 아니라 改革儒學的 開化論者임을 명백히 보여 주고 있는 것이다.

西坡는 일생을 守舊的 道學의 義理를 지켰다면 아들 東山은 이 학통의 신념 위에서 時變을 인식하여 철저한 반성과 變易를 추구하였던 사실에서 이 父子를 통해 思想史 속에서 守道와 行權, 곧 理念과 現實 내지 保守와 改革 사이의 갈등과 전환 과정, 相補的 역할의 의미를 음미해 볼 수 있다.

行蹟

西坡 柳必永(1841~1924)과 東山 柳寅植(1865~1928) 父子의 고향인 慶北 安東郡 禮安면 舟津2리 三山마을은 마을 앞을 흐르던 낙동강이 安東댐으로 둔갑, 크나큰 호수로 변하는 바람에 뭍으로 다녀도 되던 길을 돌아서 배로 건너야 하는 생각지도 않던 변화를 겪은 곳이다. 원래는 東後면에 속해 있던 三山마을은 月谷면에 편입되었다가 다시 禮安면이 되는 등 얼마 안 되는 동안 지명도 이리저리 많이도 변했다.

변한 것은 이런 것들 뿐만은 아니다.

全州 柳씨들의 世居地로 柳씨만이 모여 살았던 이 마을에 지금까지 살고 있는 柳씨들은 몇 집 안 되고 모두들 도회지로 떠나 버렸다. 주위의 산들은 거의 다 개간되어 과수원이 되었다. 마을 앞으로는 鼎山으로 가는 큰 길이 뚫렸다.

壁首山 계곡에 파묻혀 있는 마을의 제일 높다란 곳에는 철근 콘크리트 2층으로 큼직하게 지은 교회가 우뚝 서 있다. 글 읽는 소리 대신 교회의 차임벨 소리만 요란하고 마을 한가운데 柳씨들의 정자인 三山亭의 초라한 모습과 三山 柳正源의 며느리로 지아비가 죽자 따라 죽은 義城 金씨의 정려각만이 쓰러질 듯 기우뚱한 채 먼지를 뽀

얗게 뒤집어쓰고 마을 한쪽 구석에 서 있어 이 마을의 내력을 전해
주고 있을 뿐이다.

西坡와 東山이 살던 집은 1911년 東山이 北滿洲땅으로 망명을 기
도했을 때 이미 남의 손에 넘겨진 뒤 뒤이어 헐려 버려 지금은 그
흔적도 찾기 어렵다. 오랜 세월을 견디며 버텨 오던 西坡가 거처하
며 강학하던 곳인 枕山亭도 지난해에 허물어져 버려 지금은 수풀 속
에 가려진 터만 남아 있다.

"우리 집안은 오래 전부터 退溪의 학통을 이어받으면서도 성리학에
만 골몰하지 않고 實學으로 흐른 듯한 느낌을 받습니다." 東山의 손
자인 柳基元씨(65·三山마을 거주)의 말처럼 西坡의 집안에는 易
學·天文·地理 등에 통달한 학자들이 많았다. 그래서 사람들이 '易
學은 三山之學'이라고 했다는 이야기도 있다.

三山마을

西坡의 5대조로 英祖때 大司諫을 지낸 三山 柳正源은 「易解參考」
(10卷)를 남겼고 三山의 손자인 好古堂 柳徽文도 易學에 밝았다. 西

坡의 伯父인 容齋 柳星鎭, 三從叔인 同窩 柳衡鎭도 천문·지리에 밝아 同窩는 「天地造化後論」이란 저술을 남겼다. 또 西坡의 族祖인 大埜 柳建休는 역사에 깊은 관심을 보여 「國朝故事」(10卷)를 저술했고 재종 東巖 柳長源은 禮學에 밝아 「常變通考」를 남겼다.

西坡가 易學에 깊은 관심을 기울인 것이나 東山이 「大東史」를 저술한 것도 이 집안 家學의 전통과 전혀 무관한 것만은 아닌 것 같다.

西坡는 5살 때 伯父인 容齋 柳星鎭에게서 글을 배우기 시작했다. '花開最上枝 天地已表春'(가장 높은 곳에 꽃이 피었으니 하늘과 땅에 봄을 이미 알렸도다) 6세 때 매화를 시제로 내자 벌써 이런 시를 지어 容齋를 놀라게 한 西坡는 12세 때 定齋 柳致明 문하에 들어가 수학했다. 그 해 定齋 대신 「岐陽書堂重修上梁文」을 지어 西坡는 定齋에 총애를 받았다고 전한다.

당시 嶺南 유림들에게서 「南郭北柳」(남쪽에는 郭鍾錫, 북쪽에는 柳必永)라는 찬사를 받게 되기까지 그는 전통 유학자로서의 위치를 철저하게 지켜 왔다.

1895년 乙未사변이 일어나 閔妃가 시해되자 西坡는 擧義를 주창했다. 이때 東山은 起岩 李中業, 石洲 李相龍, 晩山 柳昌植, 朴在重 등과 淸涼山에서 義兵을 일으켜 官軍과 접전 끝에 패해 버렸다. 그 때부터 東山은 10년 동안을 이리저리 피해다녀야 했다. 이때까지만 해도 西坡·東山 父子는 救國에 대한 전통 유학자로서의 같은 이념을 가지고 있었다.

그러나 1902년 東山이 삭발을 하고 개화주의자로 급변, 개화운동에 앞장서면서부터 父子간의 사이는 西坡가 東山에게 말도 건네지 않을 정도로 악화되기 시작했다. 이때 東山은 丹齋 申采浩의 권유로 개화서적을 읽은 뒤 개화운동에 앞장서기로 뜻을 굳혔다고 전한다.

"1902년 조부(東山)께서 서울서 머리를 깎고 내려와 증조부(西坡)가 거처하시던 枕山亭에 들어가셨다고 합니다. 부친을 설득하려고 했던 것이죠. 그러나 증조부께서는 추상같이 호령하시면서 앉아 있지도 못하게 밖으로 밀어 내셨답니다. 이때부터 증조부와 조부의 길이 달라진 셈이지요. 서로 말도 안 하고 지내셨다니까요."(柳基元씨

의 증언)

　東山이 개화운동가가 되었다는 것이 전국에 알려지자 東山은 물론 西坡를 비난하는 소리가 높았다. 하루에도 수십 통의 힐난하는 편지가 날아들었다. "내가 하는 일이 유가를 배반하는 것이 아니다. 세계 정세상 생활방식을 바꾸어야 되는데 옛것만 고수하다가는 망하고 만다. 유림재산을 모아 학교를 세우려는 것도 새로운 인재를 양성해 국가의 기둥으로 쓰려는 것이지 사사로이 내가 쓰려는 것이 아니다." 西坡에게 온 편지들에 대해 東山은 일일이 답장을 썼다.

　1905년 東山은 자기 집 奴婢를 해방시키고 적자와 서얼의 차별을 없애 버리는 일을 감행, 자신의 생각을 과감하게 밀고 나갔다.

　1907년에는 끝내 西坡를 설득하지 못한 채 安東군 臨川면 내앞 (川前)에 協東학교를 세우고 교장에 취임한 東山은 전생도의 머리를 깎아 버렸다. 유림의 증오와 공격은 이때 절정에 달해 1908년에는 무장 폭도들의 습격을 받아 協東학교의 생도 1명이 살해당하는 참극도 벌어졌다. 그러나 東山은 자신의 소신을 굽히지 않고 꿋꿋하게 실천해 갔다.

　庚戌合倂(1910) 이후에는 協東학교에 대한 日人들의 간섭이 날로 극심해져 여러 차례 폐교령까지 내려졌다.

　"둥우리가 뒤집혔는데 그 속의 알이 온전할 이치가 없다. 정신적 자유가 없으니 교육은 어디에서 시작할 수 있겠는가. 渤海의 옛 땅이 우리가 돌아갈 곳"이라고 생각한 東山은 1911년 北滿洲로 망명할 뜻을 굳혔다. 아우에게 西坡를 봉양하도록 부탁하고 집까지 처분했다. 그러나 豊基까지 갔던 가족들은 北滿洲行을 포기할 수밖에 없었고 단신 망명길에 올랐던 東山은 6개월 뒤 입국, 다시 출국하다가 검거되고 말았다. 망명은 실패로 돌아가고 만 셈이다.

　국내에서 활동을 계속하던 東山은 羅喆이 大倧敎를 창설하자 대종교에 참여, 민족정신 고취에 앞장섰다. 1920년에는 月南 李商在, 白隱 兪鎭泰 등과 전국 교육기관인 朝鮮敎育協會를 조직했고 또 大邱에 嶠南學館을 설립했다. 그때 조선노동 공제회를 조직, 노동운동에 앞장서기도 했다. 1923년에는 민족의 인재를 양성하기 위해 朝鮮民

主大學期成會를 모금운동을 벌이는 등 활약했으나 일제의 방해로 뜻을 이루지 못했다.

1924년부터 東山은 가정적으로 큰 비운을 겪었다. 그 해 부친인 西破가 세상을 떠났고 그 다음 해에는 부인을 여의었다. 연이어 큰 아들 浚熙를 잃었다. 또 2년 뒤에는 둘째아들 潤熙마저 잃었다.

東山 柳寅植의 필적

東山은 韓國史를 정리, 「大東史」를 남겼고 「大東詩史」도 남기고 있다. 또 「東山文稿」에 수록되어 있는 「太息論」에서는 유학과 조정의 부패에 대한 예리한 비판정신을 보여 주고 있고 「學範」에서는 앞으로의 유학의 과제를 제시하고 있다.

"의제의 개변이 시대정치의 득실과 나라의 체통의 경중에 관계될 뿐이요 예의의 흥패와 유학의 성쇠에 관계되지 않는다면 모르지만 이 명령이 한번 내려지면 예의가 폐지되고 사람의 도리가 서지 못하고 우리 유학이 멸실되어 유교가 떨치지 못하게 될 것이다."

變服令이 내려지자 이렇게 반대하는 아버지의 입장에 대해 東山은 "과거 우리들의 의제는 옛날의 禮俗이요, 양복입고 머리 깎는 것은 오늘날의 예속"이라고 맞섰다.

만년에 든 西坡는 손자를 몹시 귀여워했다. 協東학교에서 머리를 깎은 손자의 까까머리를 보고 딱한 듯 "춥지 않으냐"고 어루만져 주기도 했다. 이웃 사람들이 아들(東山)은 미워하면서 손자는 왜 그렇게 귀여워하느냐고 물으면 西坡는 빙그레 웃으면서 이렇게 대답했다고 전한다. "애비(東山)는 내 말을 안 들었기 때문에 불효자이고 이 아이는 애비 말을 잘 들어 머리를 깎았으니 효자가 아니냐. 얼마나 갸륵한 일이냐."

한국의 유교가 겪어야만 했던 변혁기의 아픔을 西坡와 東山의 경우만큼 잘 설명해 주고 있는 예도 드물다. 이들의 비극적인 이야기는 한국유학 近百年史의 모든 것을 설명해 준다. 옛것을 지키려는 의지, 그것을 개혁해 그 바탕 위에서 새로운 것을 창출해 내려는 의지, 이 두 가지는 모두 유학을 위하는 생각에서 나온 것들이다.

그러나 西坡와 東山의 관계에서 뿐만 아니라 모든 사람들의 사고 속에서도 이 두 가지 생각은 일치점을 찾지 못하고 영원히 평행선 위를 달렸고 그 틈을 노려 주인 아닌 엉뚱한 세력이 판을 휘두르기 시작했다.

省齋 權 相 翊

年譜

1863년(哲宗 14)＝2월 26일 외가인 青松 安德里에서 安東. 權
  氏 棋淵의 아들로 출생.
1881년(19세)＝叔祖 頤齋 밑에서 「近思錄」, 「心經」, 「朱子書」
  등을 읽음.
1882년(20세)＝西山 金興洛 문하에 들어감.
1891년(29세)＝漢城試에 응시.
1895년(33세)＝乙未사변 직후 族父인 星臺 權世淵이 일으킨 義兵
  의 막후활동을 맡아 활약.
1905년(43세)＝乙巳條約이 체결되자 조약폐기를 주장하는 通文
  을 전국 유림에 띄우고 上京, 왕에게 疏를 올리려 했으나 日
  兵의 방해로 뜻을 이루지 못하고 돌아옴.
1912년(50세)＝奉化 酉谷에서 沙谷(현 慶北 奉化읍 酉谷리 沙谷)
  으로 이거.
1919년(57세)＝'巴里長書'에 서명했다가 俛宇 郭鍾錫 등과 함께 達
  城감옥에서 8개월간 복역.
1920년(58세)＝9월 上海 臨政요인인 起巖 李中業의 부탁을 받
  아 중국 대통령 및 대신들에게 臨政을 도와 독립을 이룩하도
  록 해 줄 것을 청원하는 '擬新政府上中國大統領書' '擬新政府
  與中國諸執政書'를 지어 上海로 보냄.

1926년(64세)=중국 대통령과 대신들에게 보낸 청원서가 발각되어
    다시 達城감옥에 6개월간 수감됨.
1931년(69세)=스승인 西山 金興洛의 行狀을 지음.
1933년(71세)=沙谷에 德谷精舍를 짓고 강학.
1934년(72세)=11월 14일 죽음.

思 想

　省齋 權相翊은 어려서 祖父 杞泉 權承夏와 從祖父 頤齋 權璉夏로
부터 家學을 이어받았고 20세 때(1882) 西山 金興洛의 門下에 나아
가 退溪學派의 正脈을 계승하였다. 그는 20세 무렵 이미 성리설에
관해 상당한 깊이의 이해를 지녔던 것으로 보인다. 그가 西山에게
人物性同異論의 쟁점에서 人物性의 相異를 주장한 韓元震의 입장을
비판하여 氣를 理로 보는 폐단이 있다고 지적한 것이 西山으로부터
동의를 받고 있다.

　또한 그가 21세 때 지은 「仁心圖說」은 朱子가 南軒(張栻)에게 仁
의 개념을 논술한 書翰을 중심으로 仁說을 분석하여 '天地人仁心圖'
를 그린 것이다. 이 '仁心圖'는 天地의 마음이요, 동시에 사람 마음의
본질로서 仁을 제시한다. 여기서 먼저 仁의 본체가 至公無私함을 지
적하며 四德을 내포하고 四端을 관통하며 孝·悌·恕로 발현됨을 밝
힌다.

　그리고 인간 마음의 발동이 절도에 맞지 않은 데서 오는 私에 의
해 仁의 본체가 은폐되고 仁의 작용이 폐색되는 惡의 원인을 지적하
며, 私의 극복방법으로서 敬을 통해 公을 회복하면 天地萬物이 一體
가 됨을 밝히는 것이다. 이것은 곧 본체와 현상의 세계 및 우주와
인간의 통일적 구조를 제시하는 것이요, 자연의 실재와 인간의 당위
를 일관시켜 해명하는 유학적 근본문제의 간명한 再闡明이라 할 수
있다.

省齋는 성리설의 문제를 정밀하게 연구하는 과정에서 朱子書 속에 誤字를 변론하여 「朱子與南軒書誤字辨」을 짓기도 하였고, 星湖 李瀷의 「心性情圖說」이나 「心統性情解」에서 心을 氣의 精英이라 규정한 것이 心을 氣라고만 보려는 것을 넘어서고 있지만 理에까지 끌어 내지 못하고 있음을 지적하고 또한 星湖가 退溪의 입장에 대해 제기한 異見들을 재비판하고 있다.

여기서 省齋는 退溪가 心을 理와 氣의 결합으로 보고 있음을 존중하여 栗谷학파에서 心을 氣라 보는 것을 거부하지만 동시에 寒洲 李震相과 그 문인 俛宇 郭鍾錫이 心을 理라 규정하고 있는 心卽理說도 지나치게 극단화된 것이라 비판하였다. 이처럼 省齋는 心이 體用과 動靜을 겸한 것으로 통합하여 보아야 함을 강조하고 이러한 입장을 退溪의 본래 입장이라고 굳게 지켜 갔다.

省齋에게는 성리학보다 오히려 禮學의 문제가 커다란 비중을 지니고 있는 것으로 보인다. 「禮疑隨錄」에서는 儀禮의 기본제도에 관한 다양한 문제들을 정밀하게 고증하고 검토하였으며, 「深衣制度攷辨」과 「深衣圖」는 儒者의 服制가 변형되고 있는 현실에서 深衣의 原型을 고증 확인하여 그 의미와 형태를 밝혀 주는 것이다. 또한 「鄕飮酒禮圖笏辨證」은 儒林들의 공동체적 儀禮로서 鄕飮酒禮의 意義와 절차를 고증하여 해설하고 圖解하는 작업이었다.

그리고 家禮의 문제에서 五服制度를 고증하여 체계적으로 재구성한 「新定五服圖」는 실용적 편의에 맞게 服制에 따른 경우를 圖示해 주고 있다. 그밖에 「五代孫承重當否辨」, 「承重孫婦從服當否辨」, 「喪中禫祭行不行辨」, 「親盡祖遷奉當否辨」 등은 禮經에 규정되지 않은 구체적 상황에서 합당한 禮의 양식을 확립하는 판단으로서 그가 지닌 禮學의 실천적 관심을 발휘하고 있는 것이라 하겠다.

또한 省齋는 經學에 대한 관심으로서 「中庸疑義隨錄」(1889)은 中庸의 기본사상과 더불어 전체적 구성체계를 검토한 것이고, 여기서 그가 제시한 「中庸六大節圖」는 中庸 33章을 中和(1 및 33장)·中庸(2－11장)·費隱(12－19장)·誠(20－26장)·大德小德(27－32장)으로 기본내용을 분석하여 도해한 것이다.

省齋의 학문적 관심이 道學의 기본적 영역을 폭넓게 포괄하고 있으며 동시에 退溪학파의 전통적 입장을 견실하게 지키고 있는 것은 보수적 일면이라고 할 수 있다. 그러나 그는 日本儒學者인 楠本孚嘉의 文集을 읽고 호의적인 이해를 보여 주며 성리설의 입장을 달리한 俛宇 郭鍾錫과도 친밀한 관계를 맺었고 畿湖학파의 艮齋 田愚가 義擧에 참여하지 않은 것을 비난하는 말에 대해 "이러한 시대에 後進을 가르쳐 儒學의 種子를 심는 일이 國難에 나가 한 가지 節義를 지키는 것보다 가벼운 일이 아니다"라고 변호하였으며, "우주가 한 집안이요, 萬姓이 한 가족이라"(宇宙爲一家, 萬姓爲家人)는 훈계를 통해 포용적인 이해의 태도를 보여 주고 있다.

그 자신 乙未事變에서나 乙巳勒約에 항거하는 활동에 참여하였고 巴里長書에 서명하여 옥고를 치렀으며, 臨政이 중국정부에 抗日援助를 청하는 連名書를 작성하였던 이유로 구속되는 등 抗日義理를 위해 강인하게 투쟁하였다. 그러면서도 유학이 쇠퇴하는 현실을 직시하고 한 줌의 불씨(一線陽脉)를 지키는 사명감으로 다음 시대를 기약하였다. 「德谷答問錄」에 보이듯이 德谷書堂에서 제자들과 더불어 經義와 禮說을 토론하면서 교육에 전념하는 일생을 마쳤던 것이다.

行蹟

退溪는 知와 行이 마치 수레의 두 바퀴나 새의 두 날개와 같다고 말한 적이 있다. '知而不行 只是未知'(알면서 행하지 않는 것은 모르는 것)라는 先人들의 말도 있다.

儒者가 행동 하나, 말 한 마디도 헛되이 하지 않고 戰戰兢兢하는 까닭은 知와 行의 근원적 융합을 지상의 목표로 삼고 있기 때문이다. 行과 분리된 공허한 知나 知가 없는 무모한 行은 진실성을 실현할 수 없다는 것이 儒者들의 사고 속에 뿌리깊이 박혀 있던 생활철학이었다.

省齋 權相翊(1863~1934)은 사회질서와 가치관이 송두리째 뒤바뀌는 혼란 속에 살면서도 끝까지 자신이 믿었던 舊질서를 지켜 가며 학문을 통해 얻은 지식을 철저하게 행동으로 실천했던 선비였다.

生을 살얼음 위를 걷듯 살다간 省齋의 일생은 드라마틱한 부분이 없고 담담할 뿐이다. 특히 극심한 가난 속에서도 잣나무 가지처럼 高雅했던 그의 성품과 國難에 대처해 보여 준 꿋꿋한 의리정신은 조선 선비의 표상을 省齋에게서 보는 듯한 느낌마저 준다.

慶北 奉化군 奉化읍 酉谷리 沙谷마을―. 이 지방 사람들이 '사기막골'이라고 부르는 이 마을에 省齋가 살던 옛집이 아직 남아 있다. 安東權씨들만이 모여 살아 '닭실 權씨'라는 말이 생겼을 정도로 큰 마을인 '닭실'과는 길 하나를 사이에 두고 나지막한 사계곡에 멀찌감치 떨어져 있고 마을 앞으로 東海북부선 철도 길이 뚫렸어도 한적하기만 한 곳이다.

지금은 기와를 올려 그럴 듯하게 보이지만 초가삼간이었다는 省齋가 살던 작은 집은 남의 집이 되었지만 기우뚱해진 채로 옛 모습을 간직한 채 서 있다.

"꽃내할배(華川에서 살았던 省齋를 지칭하는 말)의 부친 대부터도 얼마나 가난했던지 장가드실 때 혼수를 장만할 돈이 없어서 창호지에 푸른 물, 붉은 물을 들여 혼수로 대신했다고 합니다."

省齋의 장손인 權赫씨(65·奉化邑浦序리 260의 17)가 전하는 말처럼 부친 대부터 가난했던 省齋는 자기 대에 와서도 가난에서 벗어나지 못하고 궁핍하게 살아야 했다. 게다가 부인인 朴씨마저 몹쓸 병에 걸려(정신분열증) 省齋는 평생을 마음속으로 고민하면서 살았던 것 같다.

"너는 무식해도 된다. 먹고 살면서 명이나 보존해 가며 자손을 일으켜야 해. 글은 못 배워도 사람이 되어야 한다. 글은 진저리가 난다." 장손이 기억하고 있는 생존시 省齋의 이런 푸념은 몇 대째 손이 귀해 獨子로 살아 왔고 글만 읽다가 집안을 돌보지 못한 가난한 선비의 너무나도 솔직한 고백이었다.

사람으로서 참을 수 없는 모진 가난 속에서도 省齋의 학구열은 조금도 식지 않았다. 오히려 그 가난이 그를 학문에만 몰입할 수 있게 했는지도 모른다.

省齋는 또 마을에서도 이름난 효자였다. 1892년 30세 때 부친(權祀淵)이 타계하자 얼마나 슬퍼했는지 입으로 피를 쏟았다는 이야기나 40세 때인 1902년 모친이 사망했을 때는 출타했다가 임종을 지켜보지 못한 것이 한이 되어 제삿날만 되면 살고 싶지 않은 듯이 곡을 해 이웃 사람들까지 감동, 같이 눈물을 흘렸다는 이야기는 그의 극진했던 효행을 짐작할 수 있게 해 준다.

"어머니 아버지께서 회갑을 못 지내고 돌아가셨고 이제 천지가 뒤집혀져 단지 생명을 맡겨 놓고 있는 것이지 죽은 것이나 다름없다. 어찌 차마 술자리를 벌여 놓고 즐길 수 있겠느냐" 환갑을 맞은 해에 아들 東煥이 회갑연을 베풀려 했을 때 省齋는 이렇게 말하면서 뿌리쳤다.

병든 부인 朴씨에 대한 지아비로서의 省齋가 쏟은 정성은 한층 더 눈물겹다. 41세 때는 가난에 찌든 속에 누워 있는 부인을 위해 빈한한 생활 속에서도 방아곡조를 지어 부인을 위로했다는 신라의 彈琴家 이야기 「百結先生傳」을 지어 위로했다는 기록은 省齋의 부인에 대한 애틋한 정을 읽을 수 있게 한다.

省齋가 살던 옛집에서 나지막한 산모퉁이 하나를 돌아서면 좁다란 계곡에 그가 만년에 강학하며 기거했던 德谷精舍가 있다. 8년 전 중수했다는 이 精舍건물은 그런대로 깨끗하게 보존되고 있으나 돌보는 이가 없어 담이 무너져 내리는 등 황폐한 몰골이다. '德谷書院' '履貞室'이란 현판이 마루에 내걸렸다.

省齋가 죽기 한 해 전인 71세 때 지은이 집은 본래 초가삼간이었다는데 精舍입구에 넓은 그늘을 드리우고 있는 느티나무는 그가 손수 심었다는 것이고 집 앞에는 20여 평되어 보이는 연못의 흔적도 남아 있다. 비좁은 툇마루, 낮은 문설주들은 항상 조심해서 안 부딪치고 물건을 안 떨어뜨리도록 省齋가 일부러 그렇게 짓도록 한 것이라니 모든 일에 전전긍긍했던 선비의 일면을 여기서도 볼 수 있다.

德谷精舍 왼쪽으로 뚫린 철길을 넘어 가면 王笛峰 아래 작은 계곡

이 있다. 이곳은 사기막골 洞口로 省齋가 자연을 벗 삼아 노닐던 곳
이다. 지금은 보잘 것 없는 물이 흐르는 계곡인데 바위나 산봉우리
마다 省齋는 舒桓臺, 盤桓臺, 洗心臺, 濯纓石, 鳴球澗, 靜對峯, 豁眼
浦 등 멋진 이름들을 붙여 놓았다. 계곡의 바위에는 지금도 '洗心臺',
'鳴球澗'등의 刻字가 또렷하게 남아 있다. 가난하면서도 여유 있는
풍류를 즐길 수 있었던 옛 학자들의 면모를 여기서도 접할 수 있다.

　어려서부터 祖父 杞泉 權承夏와 叔祖父 頤齋 權璉夏로부터 家學을
이어받은 省齋는 20세 때(1882) 西山 金興洛 문하에 들어가 학문을
닦았다. 그가 만년에 西山의 行狀까지 지은 것을 보면 西山門下에서
도 비중 있는 학자였음을 알 수 있다. 明義堂 李建昌이 省齋가 지은
글을 보고 '千古隻眼 手高一代'(천고에 뛰어난 혜안이요, 필재는 한
시대에 우뚝하다)라고 감탄했다는 기록이 그의 학문의 깊이를 가늠해
볼 수 있게 한다.

德山精舍

　한 사람의 지식인으로서 國難에 대처하는 省齋의 의리정신도 남다
른 데가 있다.
　1895년 乙未事變 직후 三溪書院에서 儒會를 연 省齋는 日本을 討

罪하는 檄文을 지어 각지에 보내고 星臺 權世淵을 의병대장으로 추대, 그의 막후참모로 활동했다.

1905년 44세 때 乙巳五條約이 체결됐을 때도 通文을 지어 경향 각지에 돌리고 국왕에게 직접 조약파기를 호소하기 위해 혹한을 무릅쓰고 서울까지 올라 왔으나 日兵들의 방해로 뜻을 이루지 못했다. 돌아오면서 省齋가 지은 「長歌行十絶」은 지금도 읽는 사람의 가슴을 뭉클하게 하는 명문이다.

洗心臺

1910년 合倂의 소식을 듣고는 양력달력을 걸지 않고 문패도 달지 않은 채 罪人으로 자처하며 두문불출했다.

合倂 다음해인 1911년에는 중국인이 쓴 「越南敗亡史」를 읽고 우리나라와 패망과정이 비슷한 것을 보고는 눈물을 삼키며 越南의 충신·義士의 殉死한 예를 골라 「越南忠義臣列傳」을 짓기도 했다.

1919년 '巴里長書'에 서명한 것이 말썽이 되어 俛宇 郭鍾錫 등과 같이 達城 감옥에서 8개월 동안 옥살이를 했고 1920년 上海臨時政府요인인 起巖 李中業의 부탁으로 중국 대통령과 대신들에게 上海臨政을 도와 독립을 이루도록 해 줄 것을 청원하는 글을 보낸 것이 뒤늦게 발각되어 1926년 다시 達城 감옥에서 6개월 동안이나 복역하는 모진 고초도 겪었다.

"문장은 의사가 각각 다르고 체제가 같지 않다. 어찌 가벼이 고쳐서 지은자의 본래의 뜻을 잃게 할 수 있겠느냐."

남의 글을 교정할 때도 절대로 마구 뜯어 고치지 않고 쓴 사람의 의사를 물었다는 省齋는 학설이 전혀 다른 俛宇나 艮齋도 함부로 비난하지 않고 이해하려는 학자다운 풍모를 보여 주었다. 艮齋 田愚가 觀海詩에서 省齋를 가리켜 "군자가 허심탄회하게 받아들이는 뜻이 있고 백성을 포용하고 덕을 쌓는 모습"이라고 표현했다는 것은 퍽 인상적인 기록으로 남아 있다.

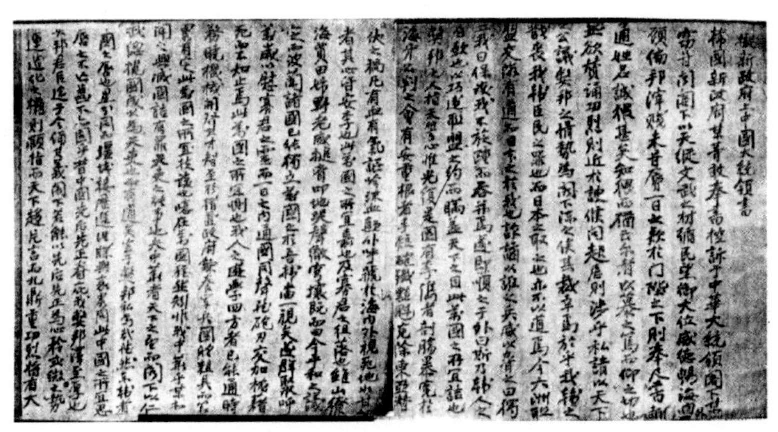

省齋가 中國大統領에게 보낸 독립청원서 草稿

"만고에 일정한 것은 天道가 변하지 않는다는 것이고 끝없이 순환하면서도 변하지 않는 것은 천도의 경신하는 것이다. 천도는 새로워지면서 바뀌지 않고 바뀌지 않으면서도 새로워지는 것이니 이것이 바로 하늘의 무궁한 능력이 아니겠느냐."

61세 되던 해 정월 초하루 아침에 쓴 '元朝帖'에서 省齋는 天道의 원리는 불변하는 것이지만 끝없이 생성하는 것이라는 자신의 守舊哲學을 밝혀 놓았다.

省齋의 慕碑

"이름도 없고 이룬 것도 없는 70 늙은 이가 때를 타고 마침내 긴 인생의 종말에 이르렀다. ……만사는 아무것도 구하는 것이 없이 차라리 밖에서 하는 대로 따랐을 따름이며 오직 조심조심하는 속에 평생을 살았다. 가장 안타까운 것은 7척 한 몸을 묻는 날에 내가 묻힐 어느 靑山이 우리나라 땅이냐(何處靑山是我東)."

省齋는 1934년 11월 14일 한 수의 臨終詩를 남기고 나라 잃은 恨을 되씹으며 조용히 눈을 감았다.

沙谷에서 얼마 떨어지지 않은 春陽으로 뚫린 국도 변 산록에 있는 省齋의 墓所 앞에는 晦峯 河謙鎭이 墓碑銘을 쓴 墓道碑가 우뚝 서 있다. 墓碑銘 맨 끝줄에서 晦峯은 省齋를 위로나 하려는 듯 省齋의 임종시의 마지막 구절 '何處靑山是我東'을 받아 이렇게 적고 있다. "그대는 한이 없도다. 청산은 이곳이니 한 줌 흙이 우리 땅이다(公其無恨靑山此處 一抔我東).

秀山　金秉宗

年譜

字 翰宇, 號 警菴・秀山, 貫 義城, 父 金程洛, 母 英陽南氏, 配 眞城李氏.

1871년(高宗 8년)＝4월 15일 慶北 安東郡 臨東面 芝禮동(현 知禮동)에서 출생.

1878년(8세)＝從曾祖 芝廬 金常壽에게서 글을 배움.

1887년(17세)＝從叔 莊菴 金時洛을 모시고 陶淵에서 공부함.

1891년(21세)＝漢城試에 응시.

1892년(22세)＝西山 金興洛을 스승으로 모심.

1895년(25세)＝檄文을 여러차례 지어 義兵운동을 도움.

1902년(32세)＝父喪.

1917년(47세)＝「聖學續圖」, 「聞韶家禮」 지음.

1921년(51세)＝母喪.

1923년(53세)＝「大學衍義箚錄」 지음.

1928년(58세)＝慶州유람.

1931년(61세)＝4월 金剛山유람, 12월 5일 세상을 떠남.

思 想

秀山 金秉宗은 8세 때부터 從曾祖인 芝廬 金常壽에게 受學하였고, 堂叔祖인 節溪 金相鎭과 族叔인 莊菴 金時洛의 영향을 받았다. 또한 그 자신 22세 때부터 西山 金興洛의 문하에 나가 학문에 정진하였다.

芝廬와 節溪는 訂窩 金坒鎭의 문인이고 莊菴은 西山의 문인이여, 訂窩와 西山은 定齋 柳致明의 문인이다. 따라서 秀山이 退溪연원의 定齋학통을 겹겹이 받아들이고 있는 사실을 확인할 수 있다.

秀山은 스승 西山의 死後 西山의 저술을 수집하여 편집하기도 하고 芝廬의 死後 遺事를 짓고 遺文을 편찬하여 학통을 계승하는 데 힘썼다. 그리고 莊菴이 편집한 「淵源合帖」에 闕里誌를 보충하여 「學林通錄」을 편찬한 사실에서도 學統의 正統性에 깊은 관심을 보이는 秀山의 학문태도를 엿볼 수 있다.

秀山의 학문적 업적을 대표하는 저술은 「聖學續圖」라 할 수 있다. 退溪가 「聖學十圖」를 편찬하여 道學의 精粹와 要領을 제시한 것은 宋代의 「近思錄」, 「心經」에 상응하는 것으로 평가되어 한국유학의 새로운 수준을 확립한 것이요, 근세에 와서는 嶺南학파를 중심으로 「聖學十圖」에 관한 연구와 註釋이 활발하게 일어났다. 秀山의 「聖學續圖」는 곧 「聖學十圖」의 구조와 이념체계를 계승하면서 확대와 응용을 추구하는 것이다.

「聖學續圖」는 1. 太極圖說圖 2. 小學題辭圖 3. 大學經一章圖 4. 中庸圖 5. 鄕黨篇圖의 前5圖와 6. 好學論圖 7. 東銘圖 8. 四勿箴圖 9. 心經賛圖 10. 屛銘圖의 後5圖로 구성되어 있다. 여기서 前5圖는 天道에 근본하면서 의리의 표준을 보이는 것이고 後5圖는 心性에 근원하면서 학문의 절도를 보이는 것이라 밝혔다.

「聖學續圖」의 10圖 가운데 大極圖說圖·小學題辭圖·大學經一章圖의 첫머리 3가지는 「聖學十圖」와 같은 자료를 다루고 있지만 나머지 7가지는 새로 선택한 것이다.

그리고 「聖學十圖」는 대부분 先賢이 만들어 놓은 圖를 끌어 쓰고 있지만, '聖學續圖'에서는 10가지 圖를 모두 秀山이 그렸고 특히 「聖學十圖」와 중복되는 것도 새로 그려 자신의 독자적인 관점과 체계를 보여준다. 특히 제 10도인 屛銘圖는 退溪가 鶴峯 金誠一에게 지어준 屛銘을 수록하여 退溪에서 鶴峯으로 이어지는 자신의 학통을 드러내고 있다.

그는 「聖學續圖」의 구조를 해명하면서   前5圖는 의리의 근원으로 太極圖說이 頭腦가 되고, 小學은 바탕(원료)이 되며, 大學이 범위라면 中庸은 절정이요, 論語의 鄕黨篇은 그 표준이라 규정한다.

그리고 後5圖는 학문의 功效로서 好學論(程伊川)이 기본이며, 東銘(張橫渠)에서 修省하고, 四勿箴(程子)에서 求仁하며, 心經贊(眞西山)에서 執中하고 屛銘(退溪)은 正脈의 統緒라 설명한다. 또한 그는 前5圖가 바둑판이라면 後5圖는 사람이 바둑을 두는 것에 비유하고 있다. 이처럼 秀山은 「聖學續圖」의 유기적 구조를 밝혀 학문의 근원과 실현방법을 체계화시켰던 것이다.

그는 西山 眞德秀의 「大學衍義」가 經世學에서 古典的 가치가 있음을 높이 평가하여 「大學衍義箚錄」을 편찬하였다. 여기서 그는 眞德秀의 序文을 분석하여 帝王의 통치하는 차례(帝王爲治之序)와 학문하는 근본(帝王爲學之本)을 두 軸으로 파악하여 大綱과 細目의 체계를 도표화하는 「大學衍義圖」를 제시하고 있다.

秀山의 經學的 관심은 「讀書漫錄」에서 書傳·詩傳·禮記·春秋·論語·孟子·小學의 몇 가지 의문점에 주석을 하는 작업을 통해 엿볼 수 있다. 또한 「讀書漫錄」에서는 史略·通鑑의 史書에 대해서도 간략한 주석이 보인다.

禮學에 있어서도 그는 가문의 선조들 저술에서 예설에 관한 것을 수집하여 「聞韶家禮」를 편집하였다. 그것은 家禮가 유교사회의 기본 의례이면서 동시에 가문의 전통으로 실천되고 정착되어야 할 것임을 밝혀준 것이라 하겠다.

그는 修養論의 핵심적 문제인 誠敬論에 관한 명확한 입장을 밝히고 있다. 곧 誠이 하늘에 있으면 實理이고 사랑에 있으면 實德이라 규정하면서 誠을 자신에게 실현하면 분열되지 않을 수 있고 남에게 실현하면 거짓이 없을 수 있다고 지적한다. 또한 敬은 겸허하고 誠은 충실하다고 특징지으면서 겸허함은 파악하기 어렵고 충실함은 지켜가기 쉽다하여 학문을 시작할 때 마음을 쓰는 데는 誠을 추구하는 것이 더 효력이 있다고 밝힌다. 그러면서도 敬과 誠은 어느 한쪽이 없이는 어느 쪽도 이루어질 수 없음을 지적하여 誠과 敬이 일치하는 것임을 기본적으로 인식하고 있다.

秀山의 학문은 성리학이나 禮學의 치밀한 분석과 논쟁에 뛰어들지 않으면서 학문의 근본적 과제를 성찰하여 핵심적 요령과 원리를 제시하고 그 실천에 진지하게 노력한 점에서 특성을 찾을 수 있을 것이다.

行蹟

유교에서 가르치는 것 가운데 가장 핵심적인 것은 인간이 하늘로부터 선천적으로 얻은 초월적·보편적인 德을 실현하라는 것으로 압축할 수 있다.

인간이라면 누구나 가지고 있는 내면의 지극히 아름다운 本性을 갈고 닦으면 그 아름다움은 온몸에 저절로 퍼져 밖으로 넘쳐 나오게 마련이고 그런 완성된 인간의 경지에 이르면 우주와도 상통할 수 있다고 한다.

그러나 이런 경지에 이르기 위해서는 孔子가 말했듯이 자신을 극복(克己)하는 끊임없는 노력이 필요하다. 대부분의 유학자들이 흡사 西洋의 修道僧처럼 생활한 까닭도 역시 克己하려는 정신에서 찾아야 할 것이다.

"그분이 앉아 계시면 방안이 환해지는 것 같았다.", "위엄이 있으시면서도 한없이 온화한 느낌을 받았다."

이름 높은 유학자들을 첫대면한 인상을 물으면 흔히 이런 대답을 듣게 되는 것도 그분들이 克己해 온 수양의 정도가 모르는 사이에 밖으로 배어나온 때문이 아닌가 생각된다.

秀山 金秉宗(1871~1931)은 "그분이 게시면 온 마을이 편안했다"고 후세 사람들이 말하는 安東지방의 이름난 전통유학자였다.

秀山은 비록 한미한 유교가문에서 태어나기는 했어도 집안에 유학을 공부하는 학자들이 많았기 때문에 어려서부터 그들의 지도를 받으면서 성장했다. 從曾祖 芝廬 金常壽, 堂叔祖 節溪 金相鎭, 四從叔 莊菴 金時洛 등이 모두 친척인 동시에 그의 스승이었다.

22세 때(1892) 金溪에 있던 西山 金興洛의 門人이 되었다는 것으로 미루어 秀山은 이때부터 본격적인 학문의 길로 접어든 것 같다. "대장부가 이 우주 속에 생명을 타고났으니 孔子와 孟子를 스승과 벗으로 삼고 堯와 舜을 임금으로 삼는 백성이 되겠노라."(大丈夫受生天地 師友孔孟 君民堯舜)

26세 되던 해 새해 아침 秀山이 大字로 이렇게 썼다는 문집의 기록을 보면 이 무렵 이미 유학을 일생동안 공부하겠다는 굳은 결심을 밖으로 드러내 보인 셈이다.

甲午更張이 있었을 무렵 秀山은 혈기왕성한 20대의 청년이었다. 安東지방에 온통 義兵이 일어나 분노로 뒤끓었을 때인데도 그는 오로지 학문에만 몰두했던 것 같다. 秀山의 문집에 "이때 여러 차례 檄文을 草해 의병을 도왔다"는 기록이 딱 한줄 남아있는 것에서도 세상을 외면하고 自靖하려는 秀山의 경향을 엿볼 수 있다.

성리학을 치밀하게 분석하고 학문의 근본적 과제를 독자적인 관점으로 탐구해 「聖學續圖」, 「大學衍義箚錄」등 성리학자로서 뛰어난 저서를 남겼으면서도 오로지 誠과 敬을 실천하기 위해 진지한 노력을 기울였을 뿐 당시 치열했던 성리학 논쟁에 뛰어들지 않았다는 사실도 秀山의 한가지 뚜렷한 특색으로 지적할 수 있다.

慶北 安東郡 臨東면 知禮동—

安東市를 빠져나와 내앞(川前)을 지나 망천이란 곳에서 왼쪽으로 꺾어들어 가파른 재 하나를 넘은 뒤 내를 따라 뚫린 소로를 15리쯤 더 들어가면 길옆에 知禮洞이 아직 처녀처럼 수줍은 모습으로 숨어 있다. 安東에서 60여리나 떨어져 있는 이곳은 예부터 "임금도 지례에 들어오려면 下馬를 해야 한다"는 말이 있을 정도로 험한 곳이고 그 때문에 지금도 '武陵桃源'에 비견되는 경관이 수려한 곳이기도 하다.

작년까지만 해도 통학생을 위해 만들어 놓은 마을앞 버스정류장의 대기소가 남·여 용으로 구분되어 있었던 곳이라니 이곳처럼 보수적인 마을이 또 있을까.

"앞산 골바람 무심히 불어오고/앞 강물 오리 우는 소리 찬물 속에 젖어든다/저개야 짖지마라/저달은 곧 질 것을"

버스대기소 벽에 아무렇게나 갈겨쓴 詩 한 구절이 이 마을의 늦가을 정경을 그대로 그려놓은 듯하다.

秀山의 本第(慶北 安東郡 臨東面 知禮洞)

秀山의 書齋扁額

　30여 호의 농가들이 한곳에 모여 있지만 秀山이 살던 옛집을 찾기
는 어렵지 않다. 길산국민학교 옆 큰 회나무가 서있는 집이다. 이
古家에는 지금 秀山의 아들인 金龍大옹(初)이 살고 있다. 金옹은 요
즘 時祀때문에 눈코 뜰 새 없이 바쁘다. 7대奉祀孫인데다가 산소들
이 20~30리나 떨어져 있는 곳이 보통이기 때문이다. 秀山이 後嗣
가 없어 12살 때 金溪에서 양자로 온 金옹이지만 조상을 모시는 정
성은 친부모를 모시는 것과 다를 것이 없다.

　秀山은 특기할만한 유품을 남기지도 않았다. 金옹이 정성스레 모
아 책으로 엮어 둔 유묵 1帖과 ‘秀山齋’라는 書齋扁額 하나가 마루방
에 덩그러니 걸려 있을 뿐이다.

　꼭 한 甲子(61년)를 살면서 秀山은 이 마을을 떠나본적이 별로 없
다. 특히 合邦이 되던 庚戌年 이후에는 “이미 내가 살고 있는 곳이
깊은 산속이니 세상에 나가지 않겠다”고 自靖할 뜻을 천명한 그는
때때로 「春秋」를 읽으면서 나라를 잃은 설움을 되씹었다고 전한다.

　58세 때 新羅의 古都를 감회 깊게 돌아보고 온 秀山은 자신의 죽
음을 예측이라도 한 것처럼 환갑해인 1931년 4월 金剛山 유람길에
오른다.

　“내 부친께서 회갑을 못 지내시고 돌아가셨는데 어찌 내가 회갑잔
치를 받겠느냐”는 것이 여행이유였고 또 다른 한 가지 이유는 “나라

가 망하고 신세는 외로운데 집에 앉아서 처자가 올리는 술잔에 취하
거나 손님들과 친구들의 축하를 받고 싶지 않다"는 것이었다.

秀山의 마지막 여행이었던 40일간의 金剛山 유람은 그에게 많은
것을 생각하도록 하는 기회가 되었던 모양이다. 그때 기록해 둔 「北
遊錄」은 그의 문집의 상당한 부분을 차지하고 있다.

"내가 보건대 金剛山을 孔子라고 한다면 關東八景은 十哲이고 그
외의 여러 명승지는 그들의 여러 제자들이다."

한국의 명승지들을 孔子와 그 제자에 비교해 보기도 한 秀山은 자
신에게 가장 절경으로 느껴진 풍경을 湖水·浦口·벼랑과 바위들,
바닷가의 흰모래사장, 松林·들꽃들이 만발한 草原의 순으로 꼽는
독특한 심미안을 보여주고 있다.

秀山은 또 관광지가 되어 떠들썩해진 金剛山을 돌아보면서 자연이
훼손되는 것을 몹시 안타까워하고 있다. 장사치들이 판을 치고 유리
병이 버려져서 언덕같이 쌓인 것을 본 그는 "앞에서는 山이 사람 때
문에 불행해지고 뒤에서는 사람이 山때문에 불행해지니 어찌 애국하
는 君子가 탄식할 바가 아니겠느냐"고 탄식한다.

홍청대는 관광객들을 보고는 "우리 백성들의 오늘날 형편이 어떠
한데 주머니를 다 기울여서 써버리니 선후와 완급을 모르는 것 같다"
고 걱정하면서 '驪山之禍'(驪山은 唐나라 玄宗이 華淸宮을 짓고 楊貴
妃와 놀던 곳)를 불러들일 것 같다고 기록해 놓고 있다.

"한 가지 밝은 경계는 자신의 마음속에 있다. 눈앞의 경치를 즐기
는 것은 한때의 유쾌함을 취하는 것인데, 끝내는 나에게 방해가 되
는 것이다. 여러 곳을 다니면서 반성해 보니 즐거워할 것은 내 속에
있지 밖의 사물에 있지 않다는 것을 증험할 수 있다."(一部 淸凉境界
在自家方寸也 若只把眼前景物 取快一時 終然干我甚事 亦不可驗隨處
存省所樂者 在己而不在物也)

金剛山 유람을 끝내고 돌아와 秀山은 이렇게 유학자다운 결론을
내리고 있다.

그해 겨울인 12월 5일 밤늦게까지 편지 답장을 쓰고 책을 보다
잠든 秀山은 다음날 아침 문안을 드리러 간 아들 龍大에 의해 잠자

는 듯한 시신으로 발견됐다. 새벽에 일어나 세수하고 의관을 정제한 뒤 祠堂에 참배하고 찾아오는 소년들에게 글을 가르치는 등 시계바늘처럼 살던 秀山은 한평생을 한결같이 성실하게 살다가 아무도 모르게 긴 여행을 떠난 것이다.

"여러 전통사상에 관심을 가져보았지만 유학처럼 合理的 태도를 길러주는 것은 찾아볼 수 없었어요. 세계적으로 유명하다는 사람들을 만나보아도 우리 전통유학자들에게서 느낄 수 있는 온화하면서도 위엄 있는 분위기는 전혀 맛볼 수 없었습니다. 수백 년을 모든 사람들이 몰두했을 때는 그 속에 무언가 들어있을 겁니다. 그런 확신 속에서 요즘 틈틈이 漢詩를 공부하면서 부부화합·부모공경·형제간의 우애라도 실천해보자고 노력하고 있지요. 이런 것은 지금 서양 사람들이 부러워하고 있는 것들입니다."

物理學을 전공, 20여 년 동안 美國에 살다 귀국한 '秀山의 손자 金浩吉박사(52·학장)는 이렇게 말하면서 朱子이후의 유학을 '네오 컨피시어니즘'이라고 한다면 유학을 다시 한번 현대화시켜 '네오네오 컨피시어니즘'으로 재창조함으로써 한국인의 전통사상으로 정립시켜야 한다고 역설했다.

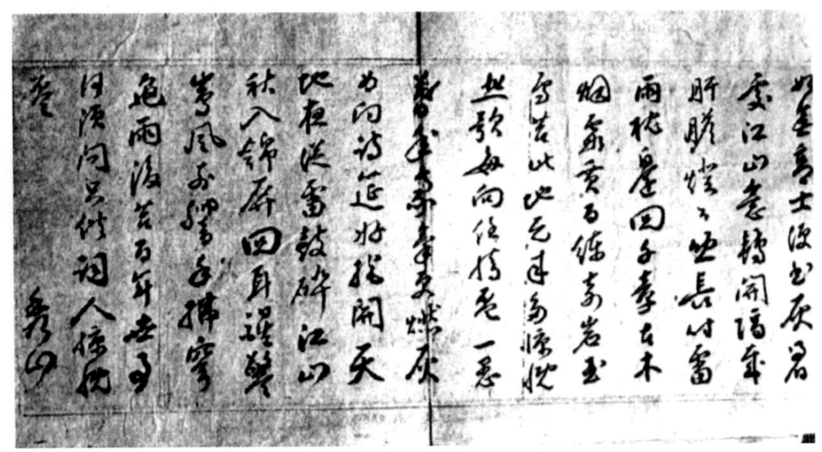

秀山의 遺墨

春樊　權命燮

年譜

1885년(高宗　22) = 10월　25일　慶北　奉化군　乃城면　西谷리　579
　　번지(현　慶北　奉化읍　酉谷리)에서　安東權氏　相衡의　외아들로
　　출생.
1886년(2세) = 어머니　南陽　洪씨　죽음.
1894년(10세) = 아버지　權相衡　죽음.
1910년(26세) = 居昌　茶田에　있던　俛宇　郭鍾錫을　찾아가　만남.
1919년(35세) = '巴里長書事件'때　洛東江　이북　책임자로　활약.
　　'保安法違反'으로　검거되어　징역　6월　집행유예　2년을　선고받
　　고　6월　19일　구속되어　7월　31일까지　大邱감옥에서　복역.
1926년(42세) = 14代祖로　冲齋　權撥의　文集에서　빠진　문적과　사
　　실들을　조사하기　위해　서울에　머물면서　「國朝實錄」(조선왕조
　　실록)을　열람.
1927년(43세) = 奉化　酉谷에서　春陽　濂水村(현　春陽면　염장리)로
　　이거했다가　酉谷으로　돌아옴.
1939년(55세) = 스승이자　族叔인　省齋　權相翊의　문집을　重刊.
1949년(65세) = 5월　10일　酉谷에서　죽음.

春樊 權命燮 眞影

思 想

　　春樊 權命燮은 西山 金興洛의 門下인 族叔 省齋 權相翊에게서 受業하였다.

　　또 居昌으로 俛宇 郭鍾錫을 찾아가 俛宇門하에도 출입하였던 것은 그의 활동영역을 넓히는 데 의미 있는 계기가 되었다.

　　省齋가 그에게 "그대의 등에는 천 열 근의 짐이 실려 있으니 어찌 독실하지 않겠는가"라고 하였던 훈계는 그의 뜻을 굳고 원대하게 키우는 지침이 되었다.

　　그 자신의 뜻을 밝혀서 "萬卷의 서적을 읽지 못하고, 萬里의 길을 가지 못하고, 萬人의 사람을 사귀지 못하고, 萬變의 현실을 경험하지 못한다면 뜻이 遠大하다고 할 수 없다"하여 堂號를 四萬堂이라 지었다.

　　26세 때 나라가 멸망하는 충격을 두문불출하면서 학문에 전념함으로써 견뎌 내려 하였다. 그러나 35세 때 萬歲운동이 일어나는 것을 목격하자 "婦女子와 어린 아이도 이러한데 하물며 국가의 元氣라 일컫는 선비가 자기 몸만 알고 나라를 알지 못하며 天下萬世의 公議를 돌볼 줄 모르니 良心에 어떻겠는가"라고 분발하여 俛宇를 찾아가 파리平和會議에 독립을 호소할 것을 모의하고 巴里長書事件에 참여하였다.

　　春樊은 선비가 세상에 살아가는 방법을 마치 물에 水草가 떠 있는 것에 비유하여 "물이 맑으면 보이고 물이 흐리면 숨는다"(水淸則見, 水濁則隱)고 언급한 데서 볼 수 있듯이 혼란한 세상에서는 은둔할 것을 추구한다. 그러면서 自靖하여 한 몸이 안전한 것을 부끄러워하고 天下와 萬世의 公論을 따르는 義理를 제기하기도 하였다. 사실상 日帝下를 살아가는 선비로서 심각한 고뇌를 경험하지 않을 수 없었을 것이다. 이런 상황 속에서 그는 선비의 밝은 지혜를 더욱 절실히 요구하고 있다.

　　"지나가기만 하고 돌아오지 않는 일이 없으며 극한에 이르면 변화되지 않는 일이 없다"는 자연법칙의 순환원리를 내세운 것은 비록 당시의 不義와 不當이 극심하더라도 반드시 光復의 때가 올 것에 대한 신념을 표현한 것으로 볼 수 있다.

"저울대의 눈금으로 무겁고 가벼운 것을 분별하고, 새가 깃들이는 것을 보아 나무가 살아 있는지 죽어 가는지를 판단할 수 있듯이, 倫常은 인간생활의 기준으로서 어지럽힐 수 없다"고 언급한 것도 자연현상에 인간의 피상적 판단을 넘어선 필연적 법칙이 있음을 확인하는 것이다.

밝은 지혜는 자연이나 역사 속에서의 법칙과 원리를 깊이 인식하여 판단을 그르치지 않는 데 있다. 그는 "밝다는 것은 至公하고 無私함이 발현하는 것"이라 지적한다. 또한 "겉으로 드러난 것에 밝으면서 먼 것에 어두우면 어리석은 것"(明於察 暗於疎者, 愚也)이라 하여 지혜로운 통찰은 깊고 멀리 미칠 것을 강조하였다.

春樊은 「比說」에서 周易 比卦의 뜻을 음미하면서 배고프다고 먹는 데 급하여 毒草를 먹을 수 없고, 毒草인 줄 밝게 알면 먹으려들지 않을 것이니, 세상의 변화를 밝게 깊이 알지 못하면 趨勢하는 데 급급할 것이 아니라 세상의 변화를 외면하고 자기를 지켜야 할 것을 지적하고 있다. 곧 세상의 변화가 올바른 것이 아닌데 그 변화에 적응하면 마치 毒을 먹는 것처럼 자신도 파멸시키게 됨을 말한 것이요, 日帝下의 世態에 적응하는 영리한 형태에 대한 경계를 보여 주는 것이라 하겠다.

春樊는 經學에 있어서 禮記·書傳·詩傳·周易을 검토하여 「觀書搜疑」를 남기고 있으나 性理說에 대해서는 뚜렷한 관심을 보이지 않고 있다. 다만 人物性同異論에 대해 朱子의 입장을 이끌어 湖洛兩論이 가능하다고 인정하면서 논변이 꼭 필요한 것도 아니고 쉽게 논변될 수 있는 것도 아니라고 지적하는 정도에 그치고 있다.

그의 貨幣論이라 할 수 있는 「錢說」에서는 화폐의 세 가지 기능을 유통(轉)과 저축(止)과 공공성(公)으로 제시하고, 이에 상응하여 돈(錢)의 모양이 둥글고(圓) 네모난 구멍이 뚫렸으며(方) 앞뒷면이 평평하다(平)고 지적한다. 또한 화폐는 物貨가 있어야 통행될 수 있고 물화는 政治가 있어야 公正해질 수 있다는 원리를 내세워 화폐에 따른 貧富의 격차와 도적과 怨望을 해소하기 위한 정치의 필요성을 제기하고 있다.

春樊은 또한 文理論으로서 文章은 理致와 才格과 神境의 3요소가 겸비되어야 함을 강조하였다. 학문을 통해 理致가 밝혀지고 인물에서 재주와 품격(才格)이 갖추어지며 山川과 風土에서 神境이 발생한다는 것이다. 그는 우리나라의 문장이 중국에 비교되어 웅장하고 활달한 氣像이 적어 固陋한 것이라 하지만 오늘의 세계는 중국의 山川 風土를 넘어서 확대되어 있으니 새로이 文章의 神境을 추구해야 할 것을 제안하고 있다.

春樊은 유학의 전통을 생활 속에 간직하고 지키면서도 새로운 세계의 변화를 조심스레 파악하려는 신중한 관심을 지니고 있었으며, 시대를 넘어 과거와 미래를 관통하는 원리를 찾으려는 추구를 그치지 않았다고 할 수 있다.

行蹟

유교문화는 親族질서를 기초로 하는 깊은 인간관계의 접착력을 기본으로 확립되었다.

夫婦・父子・兄弟관계에 잇따라 내려가면서 그 얽힘이 아무리 복잡해진다고 해도 친족관계의 촌수로 질서 있게 정리되어 조상과 후손을 맺는 힘은 소멸되지 않고 이어진다. 정치・사회조직도 친족질서를 기초로 하여 세워졌다.

유교가 이처럼 친족질서를 중시하는 까닭은 사회를 보다 합리적으로 운영해 가기 위해서는 법률이나 제도에 앞서 사람과 사람을 결합시키는 친애의 정신(어진 마음)과 교류를 튼튼하게 해 주는 신뢰 관계(믿음)가 근본적으로 확립되어야 한다는 신념 때문이다.

春樊 權命燮(1885~1949)은 친족질서가 무너져 가는 급변하는 사

회 속에서 집안의 역대 선조들의 언행·사적들을 일일이 조사기록하고 동족마을에 전해 오는 귀감이 될 만한 이야기들을 기록해 놓는 등 유교의 이 같은 전통적 신념을 생활을 통해 실천하면서 살았던 전통 유학자의 한 사람이다. 그는 또 동족 집단을 이끌고 유림단의 '巴里長書事件'의 중심인물로 활약하다가 獄苦를 겪기도 했던 선비였다.

春樊은 관직이 右贊成(宣祖 때 領議政으로 추증됨)에까지 올랐다가 己卯士禍 때 희생된 冲齋 權撥(1478~1548)의 13대손 權相衡의 외아들로 현재의 慶北奉化邑 酉谷리에서 태어났다.

어머니의 병환으로 태어나자마자 乳母의 손에 넘겨졌던 春樊은 첫돌이 되기도 전에 어머니 南陽 洪씨를 잃고 뒤이어 철도 들기 전인 10세 때는 아버지마저 잃어 계모인 咸陽 朴씨와 5촌 아저씨인 惺山 權相華 밑에서 자랐다.

春樊의 불우했던 어린 시절은 그가 7세 때 생일날 지었다는 '人皆慶誕日 我獨悲誕日'(사람들은 모두 생일을 경축하지만 나는 홀로 생일을 슬퍼한다)이라는 詩에 잘 드러나 있다.

그가 몇 살 때부터 글공부를 시작했는지는 그의 行狀에도 확실하게 기록되어 있지 않아 분명치 않지만 어렸을 때는 惺山과 花陰 權命淵에게 글을 배웠고 나이 먹어서는 西山 金興洛의 문인이었던 族叔 省齋 權相翊에게 배웠다고 기록되어 전한다.

春樊이 12세 되던 해의 일이다. 스승이며 동시에 아저씨뻘이 되는 省齋에게 그가 물었다. "退溪선생의 行狀이 있습니까? 없습니까?"뜻밖의 질문에 省齋는 "退溪의 행장은 아직 지을 만한 사람이 나오지 않아 없다"고 대답해 주었다. 어린 소년 春樊은 그날밤을 새워 「退溪先生行狀」을 지었다.

「春樊集」에 나오는 이 한 토막의 일화는 그가 지었다는 行狀의 내용이야 어떻든 어린 시절 春樊이 남달리 총명했다는 것을 알려 준다.

庚戌合邦(1910)이 있었던 해 春樊은 서울 남쪽에서 비밀리에 나라를 찾는 방도를 도모하는 '學社'라는 대회가 열린다는 소문을 듣고 2~3명의 동지와 서울을 향해 길을 나섰다. 가는 길에 善山의 금오산에 들러 高麗가 망한 후에도 계속 절의를 지킨 吉再의 사당에 참배한 뒤 당시 居昌 茶田에서 강학하던 俛宇 郭鍾錫을 찾아 갔다. 이 여행은 亡國의 슬픔을 씹으며 독립의 길을 모색하고 앞으로 선비로서 가야 할 길을 찾으려는 26세의 젊은 청년 春樊의 굳은 의지가 담긴 여행이었다. 俛宇에게서 무슨 이야기를 들었는지는 확실치 않지만 고향에 돌아온 春樊은 그 뒤부터 오로지 학문에만 전념하다가 1919년 3·1독립만세 소식을 듣게 된다. 이 소식을 듣고 그는 곧 다시 俛宇를 찾아갔다.

"부녀자와 어린아이까지 나라의 독립을 위해 나서는데 하물며 국가의 元氣라 일컫는 선비가 자기 몸만 알고 나라를 알지 못하며, 천하만세의 공의를 모르니 양심에 어떻겠습니까."

春樊의 말을 듣고 있던 俛宇는 "자네 말이 모두 옳다"면서 巴里에서 열리는 萬國平和會議에 유림단의 연명으로 보낼 長書를 春樊에게 짓도록 권했다. 그러나 春樊은 "오늘날 선생이 아니고서 누가 이 일을 담당하여 글을 짓겠느냐"고 사양했다고 「春樊集」에 기록되어 있다.

春樊 權命燮의 옛집

이 자리에서 洛東江 以南은 金昌淑이, 以北인 安東·榮州·奉化·禮安은 春樊이 맡아 서명을 받기로 했다. 巴里長書에 서명한 1백 37명 중 春樊을 비롯한 權相翊·權相瑋·權相道·權相元 등 奉化 酉谷 사람이 5명이나 되는 것은 春樊의 설득에 따른 것으로 풀이된다.

이 사건이 발각되자 春樊은 '保安法違反'이란 죄명으로 1919년 6월 19일 구속되어 징역 6월 집행유예 2년을 선고받고 大邱감옥에서 복역하다가 그 해 7월 31일 형집행유예가 확정되면서 풀려 났다(大邱교도소 재소증명에 따름). 감옥에서 나올 때 "오랑캐에게 포로가 되어서도 죽지 못했으니 면목이 없다"고 바로 옆방에 있던 동지들에게 인사도 없이 나왔다는 일화는 당시 春樊의 착잡했던 심정을 엿볼 수 있게 한다.

42세 때인 1926년 春樊은 14代組인 冲齋 權橃의 문집에 빠져 있는 문적들을 조사하기 위해 서울에 가서 國朝實錄을 몇 달에 걸쳐 조사, 5권 분량이나 되는 문적들을 찾아 베껴 가지고 돌아왔다. 이 작업은 선조에 강한 집념을 보여 주는 春樊의 특징의 하나로 그는 이 같은 작업을 통해 安東 權씨 始祖로부터 자기 아버지까지 33代의 언행, 사적을 상세하게 조사하고 고증하여 일일이 기록한 「永嘉家傳」(6冊)을 남기고 있다.

또 雜著의 하나인 「漫錄」에는 '五家大絶'(우리 집안에 뛰어난 6분)이라고 해서 '荷塘(斗寅)의 문장, 蒼雪(斗經)의 詩, 大拙(斗應)의 글씨, 江左(萬)의 재능, 平庵(正忱)의 충성, 松館(正敎)의 그림' 등 6명을 뽑아 놓는 등 집안 선조에 대한 강한 애착을 후손들에게까지 알리려 애쓰고 있다.

"닭실에 노비 晩得의 아내 河씨가 살고 있었다. 만득이 죽자 3년상을 마치고 난 젊은 河씨는 자결하면서 밭과 소를 동리에 희사, 자신과 남편의 묘를 관리해 줄 것을 부탁했다."

'漫錄'에 기록해 놓은 이런 類의 미담들과 전부터 내려오던 마을의 鄕約인 「社約輯錄」(奈城洞約)을 잘 간직해 온 것 등은 春樊의 동족 마을에 기울인 관심과 깊은 사랑을 짐작해 볼 수 있게 해 준다. 친족들에 대한 春樊의 보살핌은 남들이 비웃을 정도로 극진했다.

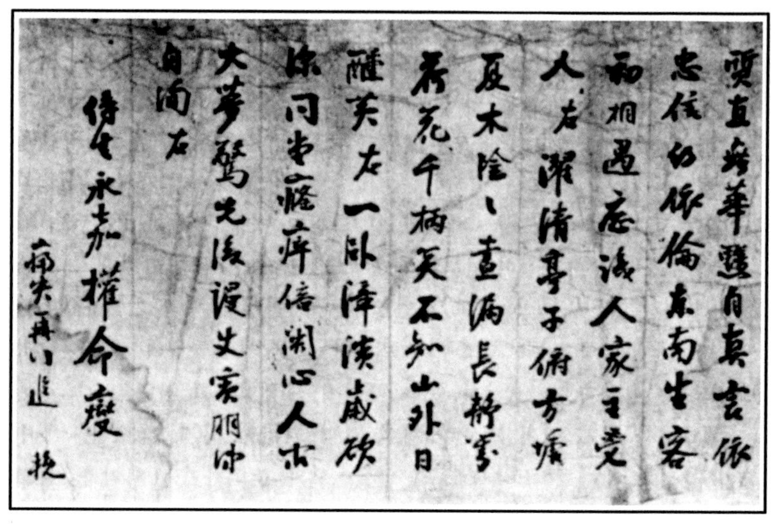

春樊의 필적

　계모인 朴씨를 생모 못지않게 극진하게 모셨고, 유모까지 친어머니처럼 모셔 장례 때는 염습에서부터 하관, 제사까지 보살폈다. 또 형제가 없었던 때문인지 유모의 아들(乳兄)의 祭文까지 지어 죽음을 슬퍼했다.

　8촌들의 관·혼·상·제까지 잊지 않고 땅을 팔아가면서 일일이 보살폈다. 주위 사람들이 넉넉지 못한 春樊의 집 살림을 걱정해서 "8촌까지 도와줄게 뭐 있느냐"고 하면 그는 "나에게는 멀고 가까운(親疏)촌수가 있지만 증조부·고조부가 보시면 모두 혈손들인데 어찌 달리 생각할 수 있느냐"고 오히려 묻는 이에게 되물었다고 한다.

　"의리를 중히 여겨 긴급한 것을 보면 가만히 있지 못했다. 李中業이 붙잡혀 갔다는 소식을 듣고 밤을 도와 花山까지 1백리를 달려 풀려나도록 했고, 李聖觀이란 사람이 닭실에서 客死를 했는데도 집이 멀어 집안사람들이 오지 못하자 손수 염습을 해서 매장해 주었다." 春樊과 가장 친했었다는 素谷 權頊淵이 쓴 行狀에는 그의 성품을 이렇게 표현해 놓고 있다.

酉谷에서 멀지 않은 春陽면 鳥項(새목)에 와서 산 적이 있는 俛宇와의 인연 때문에 河謙鎭, 曺兢燮, 李存⻌ 등 俛宇문인과 鄭寅譜, 崔南善 등의 학자들과도 교류가 빈번했던 春樊은 강한 역사의식도 가졌던 것 같다. 「讀史抄要」, 「史記抄選」 등은 중국의 역사책을 면밀히 읽고 중요한 것들을 적어 놓은 것이다.

"오늘 낮 동안 내가 마음을 쓰고 행동했던 것이 사람에게 부끄러움이 없었는가, 하늘에 부끄러움이 없었는가 항상 검속하라." 春樊은 1938년 아들 榴에게 보낸 편지에서 이렇게 쓰고 아들에게 주는 훈계인 '書示阿榴居常節目'(평소 생활에 지켜야 할 조목을 아들 榴에게 써주노라)을 남겼다.

早起—일찍 일어나라.

晚寢—늦게 잠자리에 들라.

定省—아침저녁으로 부모의 잠자리가 편안한지를 살펴라.

灑掃—매일 물 뿌리고 마당을 쓸라.

應對—부르면 대답하라.

執事—일을 하라.

正容貌—의관을 바르게 하라.

愼辭令—일을 시킬 때 부드럽게 하라.

戒嗔怒—화를 내지 말라.

篤志—뜻을 돈독하게 하라.

力行—힘써 일하라.

아버지가 아들에게 주는 이 자상한 훈계를 보면 유교의 조상과 후손을 맺는 힘이 진정한 사랑(어진 마음)으로 이어져 있다는 것을 다시 느끼게 된다.

1927년 春陽의 濂水村까지 더 깊숙이 들어가 강학하고 학문을 연마하던 春樊은 다시 酉谷에 나와 1939년 앞장서서 스승인 省齋의 문집을 重刊한 뒤 1949년 65세를 일기로 가난하고 조용한 학자로서의 생애를 마쳤다.

제2부
寒洲學派의 도학

寒洲　李震相

年譜

1818년(純祖 18)＝7월 29일 星州 大浦(현 慶北 星州군 月恒면 大山 1동)에서 星山李氏 源祐의 아들로 출생.

1835년(18세)＝「性命圖說」지음.

1838년(21세)＝柳三錫 張福樞 李鼎相과 感應庵에서 독서.

1840년(23세)＝「心經圖說」,「異端論」지음.

1851년(34세)＝「直字心訣」편찬.

1852년(35세)＝定齋 柳致明을 방문.「四七辨」,「朱子言論同異攷辨」,「困知記辨」을 짓고「大學箚義」,「中庸箚義」,「太極圖說箚義」를 편찬.

1853년(36세)＝「心字考證」,「理氣動靜說」,「性情集說」지음.

1856년(39세)＝「主宰圖說」편찬.

1857년(40세)＝西山 金興洛 定齋 柳致明을 방문. 中國에서 반란이 일어나자 이 기회에 淸에 대한 事大를 철폐에 하자는 내용의 상소문을 지었으나 반란이 진압되어 올리지 않음. 民亂이 일어나자 대책을 올림.

1861년(44세)＝「心卽理說」지음.

1865년(48세)＝「四禮輯要」편찬.

1866년(49세)＝「畝忠錄」지음.

1870년(53세)＝許愈와 郭鍾錫이 제자가 됨.

1871년(54세)＝書院철폐령이 내려지자 상경, ‘請復設祠院疏’를
　　올림.
1875년(58세)＝「春秋集傳」 지음.
1878년(61세)＝「理學綜要」 편찬.
1880년(63세)＝釜山 日本館방문. 金弘集이 日本에 다녀와서 「朝
　　鮮策略」을 왕에게 올리자 斥邪의 글을 지어 鄕內에 돌림.
1884년(67세)＝變服令이 내려지자 「衣制論」을 지음. 義禁府都事
　　를 제수 받음
1886년(69세)＝10월 15일 죽음

寒洲 李震相 遺像

思 想

寒洲 李震相은 17세 때부터 叔父 凝窩 李源祚의 훈계를 받아 성리학에 전념하였다. 20세 때는 陶山書院을 참배, 退溪를 私淑하는 학문적 指南을 확고하게 하였고, 30세 때에는 서재를 祖雲憲陶齋라 이름 지어 雲谷(朱子)과 陶山(退溪)을 학문의 기준으로 밝히고 있다. 또한 35세 때에는 安東으로 가서 退溪학파의 정맥인 定齋 柳致明을 찾아뵙고 性理說에 관한 토론을 하면서 가르침을 받기도 한다.

이처럼 寒洲는 退溪의 학통에 깊이 연결되고 있으나 그의 학설이 지닌 독자적 성격에 따라 그 자신이 韓末 嶺南에서 星州지역을 중심으로 독립된 학통을 열었으며, 安東지역을 중심으로 한 定齋(柳致明)→西山(金興洛)의 학맥과 뚜렷한 구분을 짓게 되었다.

寒洲의 학문적 폭은 道學의 모든 분야에 걸친 것이며 또한 그의 학문적 깊이는 성리학의 다양한 쟁점들을 망라하여 분석하고 체계화시킴으로써 성리학사의 결산적 집대성과 독자적 재구성을 추구하는 것이다.

寒洲의 성리학적 입장은 한 마디로 心卽理說을 표방한 철저한 主理論이라 할 수 있다. 그는 18세 때 「性命圖說」을 짓기 시작한 뒤를 이어 22세 때의 「性學圖說」, 「仁圖說」과 23세 때의 「心經圖說」을 지으면서 성리학의 기초를 확립하였다. 또한 23세 때의 「異端說」에서 이미 이단은 主氣說을 공통으로 하고 있음을 지적하고 徐花潭 이래로 畿湖학파가 主氣說에 빠지고 있음을 경계하면서 자신의 主理論的 입장을 명확히 밝히고 있다.

그는 조선시대 성리학의 기존 학설과 쟁점들에 관해 畿湖학파와 嶺南학파에 걸쳐 다양하게 검토하고 있다. 곧 愚潭 丁時翰의 「四七辨」을 비롯하여 南塘 韓元震의 「朱子言論同異攷」, 巍菴 李柬·農巖 金昌協, 星湖 李瀷의 「四七新編」, 滄溪 林泳·鹿門 任聖周·大山 李象靖 등의 성리설에 관해 치밀하게 분석하였다. 또한 明代 羅欽順의 「困知記」를 엄밀하게 비판적으로 검토하였고, 「朱子大全」, 「朱子語

類」, 「退溪集」에 대해서도 의문점을 제기하여 논변하는 철학적 비판 의식을 구현하고 있다.

그의 성리론은 44세 때의 「心卽理說」(1861)에서 밝히고 있는 것처럼 心을 돌(石)과 玉이 섞여 있는 玉의 原石에 비유하여 돌까지 玉이라는 王陽明의 心卽理說은 사실상 心卽氣說이라 하여 자신의 心卽理說이 原石 속의 玉을 가리키듯이 心의 본체를 가리키는 것과 엄격히 구별시켜 제시하였다. 또한 四端七情의 문제에서도 性이 발동하면 情이 된다(性發爲情)는 명제에 따라 性과 情이 하나의 理임을 지적하고 따라서 四端과 七情이 實相에서는 理가 발동한 것이고 氣가 발동한 것이 아니라 파악하고 있다.

곧 발동의 주체는 理이고 발동하여 나타난 현상은 氣가 자료가 된다. 四端이 道心에 속하고 七情이 人心에 속하는 것이나, 四端이 經氣를 타고 七情이 緯氣를 탄다는 분석에서 理氣互發說이 理와 氣가 각각 발동한다는 발동의 주체를 뜻하는 것이 아니라 발동하여 나타난 현장에서 무엇을 위주로 보느냐의 관점임을 밝힌다. 곧 理에서 현상을 설명하는 順推의 연역적 방법과 氣의 현상에서 理를 밝혀내는 逆推의 귀납적 방법의 推論形式을 분석하여 해명하고 있는 것이다.

寒洲는 退溪의 「聖學十圖」 중에서 '心統性情圖'의 3圖 가운데 中圖는 竪看의 인식방법에 따라 心의 본체로서 性을 가리킨 것으로 心卽理임을 밝힌 것이라 하고 下圖는 橫看의 인식방법에 따라 心을 理와 氣의 결합이라고 현상적으로 파악하여 互發을 설명한 것으로 보았다. 여기서 그는 中圖를 통한 退溪의 입장을 중심으로 자신의 主理說을 확인하고 있다.

寒洲는 「理學綜要」(22권)를 저술하여 天道·命·性·心·情의 개념을 理의 근원과 主宰 및 발현의 문제로 정리하고 學·行·事의 문제도 理의 성찰과 일치하는 과제로 밝힘으로써 主理論的 입장의 성리학을 정밀하게 체계화시키는 결정적 작업을 성취하였다. 그의 성리학은 經學과 宋代 성리학의 古典에 폭넓고 정밀하게 근거를 두고 있는 것이었다. 「求志錄」(23권)속에 정리된 箚義에는 四書와 三經·三禮의 經學的 검토와 더불어 太極圖說·通書·近思錄·朱子大全·朱子

語類·心經·退溪集에 관한 치밀한 분석적 해명을 수행하고 있다.

寒洲는 또한 經學的 관심에서 특히 道學의 義理論이 근거를 두고 있는 春秋에 대해서는 「春秋集傳」(20권)과 「春秋翼傳」(4권)으로 방대한 주석을 하고 있으며 修養論의 의리론적 체계로서 「千古心衡」(2권)과 「直字心訣」(2권)을 남기고 있다. 특히 「直字心訣」은 孔子와 朱子에서의 直개념을 道學的 핵심개념으로 받아들여 經典과 先賢의 저술 속에서 광범하게 수집한 것이다.

寒洲는 禮學에도 특별한 관심을 보여 그가 편찬한 「四禮輯要」(16권)는 儀禮와 朱子家禮를 비롯하여 우리나라의 禮說을 광범하게 수집 정리한 것이다.

韓末 道學派에서는 드물게 經世論에 있어서도 깊은 관심을 지녀 哲宗 13년(1862)에 「應旨對三政策」을 통해 사회적 폐단으로서 姑息(정체성)과 文具(형식성)와 偏私(편파성)를 근본적 문제점으로 지적하였다. 또한 「畝忠錄」(4권)을 지어 疆里(田制) 敎選(교육과 科擧制) 兵制·分職(행정기구)에 관한 제도적 검토와 개선방책을 제시하였다.

寒洲는 조선시대의 道學的 전통을 수렴하여 主理論의 宗旨를 가장 철저하고 논리적으로 체계 있게 천명하였으며 그의 道學的 관심은 엄격히 전통적이었다. 그러나 동시에 그의 학문정신이 지닌 객관적 합리성은 그의 門下를 통하여 道學的 기반 위에서 西歐文物을 비판적으로 수용하는 진취적 개방성으로 발휘되고 있으며 이러한 사실이 寒洲학파가 韓末儒學史 속에서 지닌 독특한 특성으로 나타나고 있음을 보게 된다.

行蹟

'詐者敗之媒也 利者亂之源也'(속임수는 우의가 무너지는 것의 매개요, 利는 어지러워지는 것의 근원이다)

寒洲 李震相(1818~1886)은 63세 되던 1880년 당시 釜山에 있던 日本館을 찾아 갔다. 뜻하지 않던 노학자의 방문을 받은 日本館의 使臣 紅琴이 머리를 조아리며 가르침을 내려 줄 것을 청하자 그는 붓을 들어 이 12자를 써 주었다. 이웃 나라와의 상호교린은 신의를 무엇보다 앞세워야 한다는 日本에 대한 엄중한 꾸짖음이었다.

당시는 斥邪論이 물 끓 듯하던 때여서 유학자가 日本館을 찾아 제 발로 걸어 들어간다는 것은 禽獸의 우리를 찾아 들어가는 것만큼이나 해괴한 일이 분명했을 텐데도 寒洲는 日本館에 찾아가 그들과 대화를 나누었고 물물교환 시장(互市)을 둘러보았으며 火輪船을 타고 詩까지 읊었다고 年譜에 기록되어 전한다. 寒洲가 아니었다면 어느 누구도 상상조차 할 수 없었던 일이다.

寒洲는 嶺南이 낳은 가장 위대한 성리학자중의 한 사람으로 독서와 저술로서 일생을 살아간 전형적 유학자였다. 기존의 성리설을 객관적인 입장에서 정밀하게 분석한 뒤 자신의 철학적 입장에 서서 독자적으로 재구성했던 그는 星州를 중심으로 새로운 학통을 열어 수많은 진취적인 문인을 길러 냈다. 韓末 유학사상 寒洲만큼 자기의 성리설을 체계적·조직적으로 정리해 놓은 학자는 없다고 해도 과언이 아니다.

寒洲는 1818년 7월 29일 지금의 慶北 星州군 月恒면 大山 1동 한개마을에서 進士 寒皐 李源祐와 義城 金씨 사이에서 태어났다.

寒洲를 잉태할 때 어머니의 꿈에 등에 별자리가 그려진 말(馬)과 龍의 형체를 한 짐승이 물 속에서 뛰어 나와 놀라고 있을 때, 옆에 한 노인이 나타나 "이것이 너의 집 물건이다"라고 했고 태어날 때도 노인이 다시 나타나 붉은 색과 흰색의 큰 붓 2자루를 주면서 "잘 가지고 있으면 뒤에 반드시 쓸 사람이 있을 것"이라고 했다고 전해 온다.

7세 때 처음 아버지에게서 글을 배운 寒洲는 8세 때는 벌써 「通鑑」을 읽어 문리가 뚫렸으며, 13세 무렵에는 '四書三經'을 모두 떼고 經史·政務·文章·制度로부터 星曆·算數·醫卜에 이르기까지 모든 서책을 섭렵했을 정도로 총명한 재질을 보였다.

"선비가 되어 의리를 모르면 본령이 선비의 이름을 저버린 것이다. 네

재주가 궁구하는 데 뛰어나니 어찌 성리학에 전력하지 아니하는가."

17세 때 숙부인 凝窩 李源祚의 가르침에 깊이 깨달아 「性理大全」을 읽기 시작한 寒洲는 19세 때는 「性命圖說」을 지어 자신의 학문에 커다란 테두리를 설정했다.

그러나 일찍부터 세상에 나아가 나라를 바로잡아 볼 뜻을 지니고 있던 寒洲는 27세 때는 安義에 가서 增廣東堂試를 보아 장원했고 31세 때는 公都會覆試에 합격했으며 32세 때는 增廣生員試에 합격, 성균관생원이 되는 등 출사에 대한 집념을 버리지 못했으나 33세 때 大科를 보러 서울까지 갔다가 과거를 포기하고 돌아오면서부터 오로지 성리학 연구에만 모든 힘을 쏟았다. 이때 그가 과거를 포기하고 돌아온 까닭은 뒤에 工曹判書를 지낸 숙부 李源祚가 御史물망에 오르고 있었기 때문이었다고 한다.

'성실은 온갖 거짓을 소멸시키고 경건은 온갖 사특함을 막아 준다'(誠消百僞 敬敵千邪)는 것을 평생의 좌우명으로 삼고 살았다는 寒洲는 '유학의 시작이요 끝'이라고까지 강조되는 '居敬窮理'하는 생활 태도를 끝까지 지켜 갔다.

새벽에 일어나면 세수하고 의관을 갖추어 祠堂에 참배한 뒤 글을 가르치거나 독서하고 쓰고 글 짓는 것을 종일토록 쉬지 않았다. 밤이면 특별한 일이 없이는 방에 불을 켜지 않고 정좌하여 사색을 잠시도 쉬지 않았다.

先儒의 학설은 초년학설과 만년학설을 엄격히 구별하여 하나하나 초록한 뒤 經書와 자신의 생각에 비추어 보아 합당한 것만을 받아들였다. 朱子의 학설이나 退溪의 학설도 마찬가지였다. 一字一句도 등한하게 보아 넘기지 않았다.

寒洲는 대대로 南人에 속해 오던 집안에서 태어났다. 그러나 그는 학문을 하는 데 있어서 당색을 따지지 않았다. 어느 한쪽 편을 들지도 않았다.

退溪학파의 정맥인 定齋 柳致明, 西山 金興洛도 여러 차례 찾아가 교류하며 性理說을 토론하였고 性齋 許傳과도 禮說 등에 관해 토론하였다. 柳三錫, 張福樞, 李鼎相 등과는 소년 시절부터 같이 독서하던 사이로 항상 학문적 토론을 계속했다. 당대에 유명한 학자들과는 거의 다 편지왕래가 있었는데 편지 내용도 한결같이 정밀한 성리설의 토론이어서 寒洲의 학문적 진지함을 새삼 엿볼 수 있다.

寒洲는 성리학에 전념하면서 현실문제에 대해서도 외면만 하지는 않았다. 40세 되던 해인 1857년 중국에서 반란이 일어나자 이 기회에 淸나라에 대한 事大를 철폐하자는 상소를 지었으나 뒤이어 반란이 진압되어 올리지는 못했다. 44세 되던 해 三南에 民亂이 일어났을 때도 왕의 윤음에 따라 「應旨對三政策」을 올려 고식적이고 형식적이며 편파성이 팽배해 있는 사회적 폐단을 지적, 시정할 것을 촉구하기도 했다.

49세 되던 1866년에는 옛 聖賢의 理想的 제도를 참작하여 당시의 실정에 적합한 개혁안을 구상, 「畝忠錄」이라는 책자로 엮어 그것을 바치는 상소까지 지어 놓았으나 올리지는 않았다. 조정에서 그것이 받아들여질 기미조차 보이지 않았기 때문이다.

1871년 大院君이 서원철폐령을 내리자 반대운동을 벌여 상소를 올리기 위해 서울에까지 갔었고 1880년 金弘集이 日本에 가서 「朝鮮策略」을 가져와 조정에서 그것을 받아들일 기미가 보이자 斥邪를 주장하는 글을 지어 鄕內에 돌리기도 했다. 1884년 變服令이 내려졌을 때도 그는 「衣制論」을 지어 그 부당함을 역설했다.

慶北 星州군 月恒면 大山 1동―. 星山 李씨들의 본거지인 한개(大浦)에는 寒洲의 옛집이 잘 보존되어 내려오고 있다. 대지 1천여 평의 넓은 터에 7채의 건물이 들어 선 전형적인 양반가옥이다. 건물들 가운데는 그가 죽은 지 7년째 되던 해 후손과 門人들이 寒洲를 추모하기 위해 지은 祖雲憲陶齋만이 그를 다시 생각하게 해 주는 유일한 기념물로 남아 있다.

祖雲憲陶齋

　'祖雲憲陶'란 '祖述堯舜 憲章文武'(정신은 요순에서 계승하고 구체적인 내용과 제도는 문왕과 무왕에서 본받는다)에서 따다가 지은 것으로 朱子(雲谷)를 계승하고 退溪(陶山)를 본받겠다는 뜻이 담겨 있다. 寒洲는 30세 때부터 거실에 이 편액을 달았다고 하니 그가 근본적으로 朱子와 退溪를 사숙해 온 것을 분명하게 알 수 있다.

　왼편 누각형식으로 꾸민 祖雲憲陶齋에는 '寒洲精舍', '止宿寮', '玩樂室', '萬直堂', '寒水軒', '一鑑軒' 등의 현판과 문인 李斗勳이 지은 '祖雲憲陶齋銘', 郭鍾錫이 지은 '祖雲憲陶齋上梁文', 李承熙가 지은 '祖雲憲陶齋記'가 내걸려 이 재실의 내력을 소상하게 알려 주고 있다. '明誠凝道'라고 쓴 退溪의 글씨를 판각한 것도 한쪽방 문설주 위에 걸려 눈길을 끈다. 집 한쪽 곁에 파놓은 연못은 한층 더 이 집의 운치를 돋우어 주고 있다. 寒洲의 古宅 후원에 연이어 있는 영축산 정상에는 그가 젊었을 때부터 공부하던 感應庵이 感恩寺로 변한 채 아직 그 절터를 그대로 지키고 있다.

　"異端의 說이 백 갈래 천 갈래 길이 있지만 끝내는 모두 主氣로 돌아갔다.” 23세 때 지은 「異端說」에서부터 이미 확고하게 主理論을 펴온 寒洲는 朱子와 退溪의 학설도 철저하게 분석비판했다. 그는 退溪의 ‘心合理氣說’에 대해서도 자신은 ‘心卽理說’을 주장함으로써 당시 학계에 큰 파문을 던졌다. 寒洲가 죽은 뒤인 1895년 그의 문집이 발간되자 분노한 陶山書院에서는 牌子(지위가 높은 사람이 낮은 사람에게 공식적으로 주는 글발)를 내 신랄하게 공격했고(1902년) 尙州鄕校에서는 寒洲의 문집을 불사르기까지 했다.

그러나 寒洲의 객관적이며 냉철한 비판정신은 그의 門人들에게 이어져 보다 진취적이며 개방성을 띤 하나의 학통으로 발전, 정립되었다. 俛宇 郭鍾錫, 后山 許愈, 紫東 李正模, 膠宇 尹冑夏, 勿川 金鎭祐. 韓溪 李承熙, 晦堂 張錫英, 弘窩 李斗勳 등은 洲門八賢으로 꼽히는 인물들이다.

寒洲는 85冊이나 되는 방대한 저술을 남겼다. 그 가운데서도 「理學綜要」, 「四禮輯要」, 「畝忠錄」, 「春秋集傳」, 「春秋翼傳」, 「千古心衡」, 「直字心訣」, 「求志錄」, 「辨志錄」 등은 한국 유학연구에 빼놓을 수 없는 완벽한 저술로 평가되고 있다.

寒洲의 학설이 異端說로 배척받았던 시대는 이미 지났다. 그러나 그에 대한 오해가 얼마나 풀렸는지는 아직 의문으로 남는다. 寒洲에 대한 연구가 하루속히 활발해지기를 기대하게 되는 것은 그의 학문적 업적도 물론 중요한 것이지만 그가 道學的 바탕 위에서 서구문물을 선택적으로 수용하려 했던 개방적이고 진취적인 특성을 지닌 한 학파의 宗匠이었다는 점에서도 더 깊은 연구가 필요하기 때문이다.

后山　許　愈

年譜

　字 退而, 號 后山, 貫 金海, 父 許禎, 母 海州鄭氏, 配 密陽朴氏.
1833년(高宗 20년)＝4월 5일 三嘉縣吾道(현　慶南　陝川군　佳會
　　면　吾道리)에서 출생.
1842년(10세)＝父親喪.
1866년(34세)＝宜寧에 있던 性齋 許傳을 찾아뵈옴.
1870년(38세)＝寒洲 李震相을 찾아뵈옴.
1872년(40세)＝俛宇 郭鍾錫, 聖養 李正模와 함께 寒洲를 찾아감.
1882년(50세)＝과거를 보기위해 上京했으나 壬午軍亂때문에 그
　　대로 귀향.
1884년(52세)＝縣監　申斗善의 초청으로 老栢軒 鄭載圭와 함께
　　향교에서 가르침. 「講錄」 지음.
1885년(53세)＝南冥 曺植의 정자인 雷龍亭을 중건. 그곳에서 老
　　栢軒과 강학.
1888년(56세)＝母親喪.
1892년(60세)＝雷龍亭에서 南冥遺集 교정.
1894년(62세)＝忠汝 尹冑夏와 井木書堂에서 寒洲의 「理學綜要」
　　편집. 四未軒 張福樞를 찾아뵈옴.
1895년(65세)＝麗澤堂 강장이 됨.
1897년(65세)＝星州 三峯書堂의 講長이 됨.

1902년(70세)＝慶南觀察府에서 설립한 樂育齋의 訓長이 됨.
1903년(71세)＝慶基殿參奉에 임명되었으나 나아가지 않음. 「聖
　　學十圖附錄」 지음.
1901년(72세)＝4월 7일 세상을 떠남.

思　想

　后山 許愈는 젊어서 고향 三嘉鄕校에서 수업하였다. 그 뒤 南冥
曺植의 講學遺趾인 山淸의 山川齋에서 강학하는 한편 朴致馥, 金鎭
祐, 崔正基, 李正模와 교유하면서 道學에 전념하였다.

　34세 때 性齋 許傳을 만나자 性齋는 后山의 학문성취를 높이 평가
하였지만 38세 때 寒洲 李震相의 문하에 나가 수학함으로써 寒洲학
파를 계승하는 자신의 학문입장을 확립하게 되었다.

　后山은 寒洲의 성리학적 기본命題인 心卽理說을 옹호하면서 사람
이 동물이나 사물과 다른 점은 義理의 마음이 있기 때문이라 한다.
이 마음(義理之心)은 凡人이나 聖人이 公有하는 인간의 고유한 마음
이요, 범인은 성인이 될 수 있는 근거가 된다. 이에 반하여 마음을
氣라고 인식하거나 마음을 氣와 혼합시키는 입장은 사람과 사물을
분별하지 못하게 하는 것이라 규정하고 있다.

　그는 마음을 理라고 파악하였지만 理와 氣의 결합으로도 파악할
수 있다는 사실을 인정한다. 「后山問答」에서 北溪 陳淳이 心合理氣
說을 제시하고 退溪도 동의하였지만 退溪의 시대와 자신의 시대가
다르기 때문에 주장도 변할 수 있다고 보았다. 곧 孔子는 氣質의 성
품을 언급하였으나 孟子는 本然의 성품을 언급하였던 것은 시대상황
의 변화에서 이해하여야 할 것이라 지적한다.

　따라서 당시의 학자들이 氣와 결합된 마음만 알 뿐이요, 本體로서
의 마음을 외면하기 때문에 心卽理說을 밝히게 되는 것이라 하겠다.
그것은 인간의 마음이 욕망에 빠지지 않고 인간적 가치인 義理를 지

키는 주체가 될 것을 요청하는 心主理的 性理學이 지닌 韓末의 시대
상황적 의미를 뚜렷하게 제시하는 것이다.

后山은 「客問」에서 明德은 인간의 固有한 義理의 마음이요, 本體
로서의 마음이라 하고 그것이 理임을 밝힌다. 또한 「隨錄」에서 "理와
氣가 한가지(理氣一物)라 하거나 太極에는 운동과 정지가 없다(太極
無動靜)라는 두 주장이 나오면서 天下가 크게 어지러워졌다"고 하여
理와 氣를 엄격히 분별하면서 太極 내지 理의 활동성을 강조한다.
여기에서 心卽理說은 인간 마음의 도덕적 주체성과 능동성을 확립함
으로써 氣質적 욕망을 극복하는 윤리적 근거를 제시하는 입장이라
이해될 수 있다.

그는 諸葛亮의 「出師表」를 모방하는 「續出師表」를 지어 "道理와
私慾이 兩立할 수 없으니 마음의 본체가 한구석에서 安住할 수 없다"
고 인간존재의 상황을 규정하였다. 따라서 자신을 극복하여 禮法을
회복하는 것(克己復禮)을 당면한 임무로 받아들이면서 "마음이 私慾
을 정벌하기 위한 出征(方寸出師)이 오늘의 急務다"고 선언하고 있
다. 이러한 본체의 마음 내지 義理의 마음을 확보하기 위한 투쟁은
后山의 삶과 학문을 핵심적으로 보여주는 것이라 하겠다.

그는 退溪가 孔子와 朱子를 잇는 道統임을 강조하여 「釋言」에서
"退溪를 배우지 않고 孔子와 朱子를 찾는 것은 문을 거치지 않고 방에
들어가려는 것"이라고 언급하기도 하였다. 그는 「聖學十圖」에 退溪의
평생 노력한 결실이 담겨있다고 보며 道理의 두뇌를 밝히고 학문의
표준을 제시하였다고 지적한다. 「聖學十圖」의 各圖에 따라 經典과 先
賢의 論說을 수록하여 주석한 「聖學十圖附錄」은 그의 代表作이라 할
수 있다.

后山은 자신의 同鄕 先賢인 南冥의 학풍에도 깊은 관심을 보여 南
冥의 「神明舍圖銘」을 주석한 「神明舍圖銘或問」을 저술하였다. 神明은
마음의 本體요, 육신(血肉)은 神明의 집이라 규정하면서, 太一君을
神明이라 하고 자신을 主宰하는 敬을 나라에서의 大臣(冢宰)이나 천
지에서의 日月에 비유하고 있다. 또한 그는 「南冥集」에 수록된 「神明
舍圖」의 그림에서 동쪽에 耳關과 月이 있고 서쪽에 目關과 日이 있는

것은 동과 서를 바꿔놓은 誤記라 밝히며 귀·눈·입이 外侵을 막아 神明의 집을 지키는 城廓의 三關門이라 설명한다.

「神明舍圖」에서 그림의 성곽 안에 적힌 "임금은 社稷을 지키다 죽는다"(國君死社稷)는 구절에 대해 당시에 后山을 비롯하여 宋鎬坤, 崔琡民, 鄭載圭, 曺兢燮 등의 활발한 논변이 있었다. 曺兢燮이 "임금은 죽을 수 있지만 마음은 죽을 수 없으므로 神明에 해당되는 설명이 아니라"하여 이 구절을 삭제할 것을 주장하였다. 이때 后山은 "임금이 社稷을 지키다가 죽으려는 마음이 없으면 나라를 보존할 수 없고, 學者가 道를 지키다 죽으려는 의지가 없으면 마음을 보존할 수 없다"고 하여 義理의 중대한 문제로 삼았다. 그것은 韓末에 나라가 멸망할 때 절실히 요구되던 義理를 명확하게 밝혀주는 것이다.

后山은 寒洲의 성리설을 退溪학통 속에 정립하면서 南冥의 학풍을 재발견하였고 또한 韓末의 시대 속에서 心主理論의 입장이 지닌 義理學의 상황 윤리적 의미를 선명하게 제시하였던 학문적 성격을 보여주었다고 할 수 있다.

行蹟

后山 許愈(1833~1904)는 郭鍾錫, 李正模, 尹冑夏, 金鎭祜, 李承熙, 張錫英, 李斗勳과 함께 寒洲 李震相 문하의 八賢(洲門八賢)의 한 사람으로 손꼽히는 인물이다.

后山이 출생해서 33세에 이르기까지의 기록은 거의 찾아볼 수 없다. 非凡한 인물의 출생에 으레 따르게 마련인 신비스런 이야기조차 전하지 않고 오직 그가 8세 때 부친 앞에서 지었다는 詩 한수가 남아 后山의 非凡했던 소년시절을 상상해 볼 수 있게 할 뿐이다.

"松端白鶴和雲立 籬下黃鷄向日啼"(소나무 가지 끝에는 흰 학이 구름과 어우러져 있고 울타리 아래서는 누런 닭이 해를 쳐다보고 운다)

청년기의 受學과정도 자세하게 기록되어 전하는 것이 별로 없다.

‘弱冠 遊鄕校’라는 짤막한 기록으로 미루어 冠禮를 치른 20세 이후에
는 주로 鄕校에서 공부했던 것으로 보인다.

后山이 寒洲를 찾아가 자신의 학문적 입장을 굳힌 것이 不惑의 40
대를 바라보던 38세 봄이었다니 晩學인 듯도 하지만 그것은 그때까
지 后山이 독자적으로 학문을 연마해 왔었다는 것을 뜻하는 것으로
이해되어야 할 것이다.

“선생이 말씀하시자마자 곧 깨닫고는 3일 밤낮을 계속 연구하고
토론하면서 확고하게 학문적 입장을 확립했다.”

后山의 行狀에서 后山이 寒洲를 처음 만났을 때를 韓溪 李承熙가
이렇게 기록해 놓은 것이라든지, 寒洲가 后山에게 “유학의 道가 장차
남쪽에서 융성하기를 바라는데, 백근이나 되는 무거운 짐을 짊어지
게 되었으니 어깨가 무겁겠다(吾道將南望 百斤擔負想槓肩)”고 했다
는 기록 등은 당시 后山의 학문적 수준을 짐작해볼 수 있게 해주는
예들이다.

“스승인 寒洲의 학문이 심취하기는 俛宇보다 后山이 더 했어요. 南
方의 학문한다는 학자치고 后山의 제자가 아닌 사람이 드뭅니다. 后
山은 가히 南方의 丈席이랄 수 있지요.”

重齋 金榥의 문인인 한학자 振菴 許洞옹(80·慶南 晋州시 鳳西동
1020의 44)은 俛宇와 后山을 똑같이 높이 평가하면서 옛날학자들이
退溪와 南冥 양문중에 다니면서 공부했던 것처럼 이 지방 학자들이
俛宇와 后山 문중을 오가며 공부했다고 전했다.

“后山선생은 덕성이 높아 일반인들이 모인 자리에 나타나시면 춘
풍이 만좌에 가득했고 봄바람에 취한 듯 모두 저절로 머리를 숙일
수밖에 없었답니다.”

許옹의 이야기를 들으면서 도학자란 모두 근엄하면서도 온화한 기
품의 소유자였다는 사실을 다시 음미해 본다.

慶南 陜川군 佳會면 德村리-.

佳會面 소재지인 이곳 德村에는 后山이 살던 옛집터와 그 곁에 后
山書堂이 퇴락한 채 남아있다. 三門에는 ‘一直門’이란 현관이 걸려있
고 대청에 ‘后山書堂’이라 쓴 큼직한 편액이 내걸렸다. 重齋 金榥이

쓴 「后山書堂堂齋名號小記」, 晦峯 河謙鎭이 쓴 「后山書堂記」가 이 서당의 내력을 알려 주고 있다.

현재의 서당자리 왼편에 지금은 공터로 남아있는 널찍한 땅이 있다. 이곳에 后山의 9代祖로 光海君때 正郞을 지낸 滄洲 許燉의 서원이 있었다.

이 서원이 서원철폐령에 따라 훼철되자 后山은 그 터에 집을 짓고 살았다고 한다. 1904년 后山이 세상을 떠나고 20여 년이 지난 후인 1926년 문인들이 后山이 살던 퇴락한 집을 헐어버리고 곁에 새집을 마련했다. 그 집이 지금의 后山書堂이다. 방마다 내걸린 '徹和堂', '光霽堂', '蔚望軒' 등의 현판은 모두 당시 옛집에서 옮겨온 것들이라고 한다.

"그때 마련한 서당의 토지도 약간 있었어요. 많은 책들과 「后山集」 판각도 함께 옮겨 놓았는데 창피한 일이지만 后山선생의 高孫되는 녀석이 몇년전 몰래 다 팔아먹어 버렸습니다. 다른 것은 몰라도 조상의 문집판각을 팔아먹는 놈이 어디 있겠습니까."

后山書堂 扁額

后山書堂(慶南 陜川郡 佳會面 德村里)

德村에 사는 許宗信씨(68)와 許賢碩씨(67)는 "문집판각을 사간 사람이 다시 돌려준다면 그처럼 고마운 일이 어디 있겠느냐"면서 안타까와했다.

后山이 태어난 곳은 이곳 德村에서 2km남짓 너 들어가 있는 吾道라는 마을이다. 后山은 40세 이후 '오돌'(이곳 사람들은 이렇게 부른다)을 떠나 德村에 나와 살았다. '德村'이니 '吾道'니 하는 마을 이름들이 새삼스레 이 고을이 '鄒魯之鄕'임을 일깨워 준다.

后山의 가문이 이 마을에 살기 시작한 것은 12代祖인 許珣 때부터였다. 10代祖인 許洪材는 壬亂때 郭再祐장군의 義兵에 앞장섰던 인물이고 9代祖인 滄洲는 正郎을 지내면서 光海君의 정치가 어지러워지자 관복을 벽에 걸어 놓은 채 귀향해 끝내 벼슬길에 나가지 않았던 인물이며, 7代祖인 臥龍 許鎬는 그의 奇行이 마을에 신화처럼 전해오는 인물이다.

돈을 꾸어 물건을 모조리 사들인 뒤 품귀현상을 이용해 巨富가 됐다든지, 도적을 모아 섬에서 잘 살게 한 것이라든지, 소문을 들은 어영대장 李浣이 그를 관직에 기용하기 위해 찾아왔다는 등 臥龍의 奇行은 燕巖 朴趾源의 한문소설 「許生傳」의 주인공과 너무나 똑같아 李家源 교수는 臥龍을 「許生傳」의 모델로 보고 있다.

后山이 지은 臥龍의 遺事와 俛宇가 지은 行狀이 남아있는 것은 퍽 흥미있는 일이다.

"사람이 禽獸와 다른 것은 義理의 마음이 있기 때문이다. 성현이 마음을 보존(存心)한다고 한 말씀은 이 理를 보존하는 것이다. 배우는 자가 반드시 이 主宰의 이치를 보존한 다음에라야 天道가 온전하고 王道가 행해지는 것이니 이것이 유교가 異端과 다른 까닭이다."

主理論的 입장을 이렇게 천명하기로 한 后山은 이 같은 신념 위에서 華夷論을 전개해 나간다.

"오랑캐가 中華문화를 어지럽히는 것은 예전부터 근심했었지만 오늘의 西洋 오랑캐는 功利를 내세워 장차 온 세상 사람들의 의복과 머리 꼴을 흉칙하게 바꿀 것이고 온 세상 사람들이 오랑캐의 말을 주절거리게 만들어 놓을 것이다."

서양 오랑캐의 영향이 우리 풍습과 말에까지 영향을 미칠 것을 이미 예견한 后山은 "머리나 옷의 모양을 바꾸어 놓는 죄는 그 죄가 한몸에 그치지만 말을 바꾸어 놓는 죄는 만세에 미칠 것"이라고 규정하면서 유학을 강론하고 밝혀서 저들의 말에 동요되지 않게 함으로써 다음날에 다시 생명이 싹틀 수 있는 씨앗이 되게 하자는 주장을 펴고 있다.

后山은 退溪의 학통을 유학의 정통으로 받아들이면서도 향리의 선현으로 '東方의 人豪'라는 칭송을 받았던 南冥 曺植의 학문도 계승하려는 강한 집념을 보여준다. 南冥이 강학하던 雷龍亭을 중건하고 그곳에서 강학하면서 「南冥集」을 두 번씩이나 교열한 사실 등은 慶尙右道쪽에서 南冥의 학문적 영향을 다시 활성화시키는데 그가 크게 기여했다는 것을 보여주고 있다.

"科文異端 黨論邪說"(과거 준비하는 것은 이단이고 당파에 대한 논란은 사세이다)

后山은 山川齋에서 강학할 때 이런 항목을 학규에 명기해 놓았다. 이것은 출세를 배척하고 인격을 연마하여 진리를 터득해야 한다는 道學的 입장과 黨論으로 분열된 현실을 넘어서서 공명정대한 것을 지향하려는 后山의 생각을 엿볼 수 있게 한다.

鄕校 등지에서 강학하면서 일생을 보내던 后山에게는 뒤늦게 71세 때 慶基殿參奉이라는 관직이 제수됐다. 그가 그 직에 나가지 않은 것은 더 말할 것도 없다.

后山은 黃梅山(해발 1,104m)밑 수석이 아름다운 月溪洞을 자주 찾았다. 그곳에는 흐르는 물속에 큰 바위하나가 우뚝 솟아 있었는데 그는 그 바위를 '障瀾'이라 이름 지었다.

이 障瀾巖을 두고 지은 詩 한수가 전해온다. 이 시는 后山이 평생 품은 뜻을 그대로 나타내주고 있다.

"我有胸中千斛愁 掛天埋地亦無由 障瀾巖下滔滔水 萬折風波不回頭"

(내 가슴에는 천섬이나 되는 근심이 쌓여서 하늘에 걸어 놓으려 해도 땅에 묻으려 해도 떨칠 길 없네. 장란암 아래 도도하게 흐르는 물은 굽이굽이 꺾여 바람불고 물결쳐도 물길을 돌리지 않는구나.)

또 본래 義로운 인간의 마음을 해치는 모든 유혹을 물리쳐야 한다는 뜻으로 지은 后山의 「續出師表」는 참인간의 나아갈 길이 靈魂과의 끝없는 투쟁임을 밝히고 있다.

俛宇 　郭 鍾 錫

年譜

1846년(憲宗 12)＝6월 24일 丹城縣 沙月里 草浦(현 慶南 山淸군 丹城면 沙月里 草浦)에서 玄風郭氏 濵兆의 아들로 출생.

1867년(22세)＝陜川 三嘉 神旨坊으로 이거.

1870년(25세)＝「四端十情經緯圖」를 지음. 寒洲를 스승으로 모심.

1873년(28세)＝草浦에 돌아옴.

1877년(32세)＝「理訣」지음.

1883년(38세)＝金剛山 유람. 奉化 春陽으로 이거.

1884년(39세)＝春陽 乙項村에 홀로 은거.

1885년(40세)＝「太極圖說通書諺解」지음.

1895년(50세)＝比安縣監에 제수됨. 仁同 新月리로 나옴.

1896년(51세)＝居昌 茶田(현 慶南 居昌군 加祚면)에 정착.

1899년(54세)＝中樞院 議官에 제수됨.「理氣論」지음.

1903년(58세)＝秘書院丞에 제수됨. 8월 28일 밤 高宗과 단독으로 만남(獨對).

1905년(60세)＝賣國賊臣을 참하고 列國公法에 호소할 것을 주장하는 疏를 올림.

1906년(61세)＝勉庵 崔益鉉이 창의할 것을 종용하는 편지를 보내자 참여할 수 없는 이유를 밝혀 적어 보냄.

1919년(74세)＝巴里平和會議에 長書를 보냄. 3월 大邱감옥에 갇혔다가 6월에 출감. 8월 24일 茶田 如齋에서 죽음.

思 想

　俛宇 郭鍾錫이 25세 때 寒洲 李震相을 배알하고 그 문하에 나갔을 때는 그 자신 이미 성리학에 확고한 기초를 이루고 있었다. 그는 寒洲 문인인 后山 許愈를 통해 寒洲의 입장을 파악하고 나서 스승으로 선택한 것이다. 寒洲의 첫 만남에서부터 하루 종일 밤늦도록 토론을 계속했고 寒洲의 입장이 독특한 것이었음에도 서로 견해가 일치하자 모르는 사이에 스승과 제자가 무릎이 맞닿았다는 사실에서 寒洲학파의 확립을 보게 되는 계기가 마련되었던 것이다.

　俛宇는 이미 21세 때 「晦篇三圖」를 지어 晦庵(朱熹)·晦軒(安珦)·晦齋(李彦迪)를 배우겠다는 성리학을 지향한 자신의 학문적 방향을 圖形化를 통해 조직적으로 제시하였다. 25세 때 寒洲를 찾아가기에 앞서 「四端十情經緯圖」를 지어 조선조 성리학의 기본 쟁점이었던 四端七情論의 문제를 四端과 十情으로 분류하고 이를 經緯論으로 재구성하는 독자적인 성리설의 체계적 구조를 제기하고 있다.

　또한 그는 寒洲를 처음 배알하고 돌아올 무렵 太極·性命·理氣의 성리학적 문제 전반에 관한 의문점등을 깊이 있게 질문하는 한 권의 책을 스승을 뵙는 禮物로 寒洲에게 드렸다. 이 「贄疑錄」에서 제기된 문제에 대해 寒洲도 20조목으로 나누어 정밀하게 분석하는 답장을 보내는 과정에서 相資相磨하는 스승과 제자 사이의 학구적 자세의 진지하고 성실한 모습을 보여 준다.

　俛宇의 성리학적 체계는 우선 「四端十情經緯圖」에서 보여 주는 것처럼 四端뿐만 아니라 七情도 五行의 相生·相克 관계에 따라 愛·喜·樂·憂·哀·惡·怒·忿·欲·懼의 十情으로 체계 속에 분류하였다. 여기서 土가 金을 생성할 때 나타나는 情으로서의 憂는 土와 金을 陰과 陽으로 조합하여 慮·患·疑·憫의 네 가지 情으로 세분화하게 되는 것처럼 陰陽과 五行의 相生·相克을 조합(錯綜)하는 구성방법을 통하여 情의 모든 다양성을 체계적인 분류방법 속에 정리해 주고 있다.

그는 처음에 金昌協이 七情을 五行에 상응시키는 방법을 검토하여 十情說로 조직화시켰지만 金昌協의 性經情緯說이나 李玄逸의 理經氣 緯說에 무리가 있음을 비판하면서 四端을 經으로, 十情을 緯로 파악하는 四端十情經緯說을 제기한 것이다.

俛宇는 20代에 圖象으로 전체의 구조를 해명하는 방법을 다양하게 전개하여 '晦窩三圖'와 '四端十情經緯圖'를 비롯하여 '心動靜圖', '人心道心圖', '中庸支節圖'를 작성하고 있다. 이러한 圖象的 인식은 성리학의 전통적 방법의 하나이지만 특히 俛宇에게는 청년기에 전체적 구조의 이해를 얼마나 중요시하였는지를 보여 주며 동시에 그의 논리가 철저히 집약적 기본구조의 파악 위에서 전개되고 있음을 알 수 있다.

그는 寒洲의 心卽理說을 확고하게 신봉하고 이 心卽理說이 王陽明의 心卽理說과 근본적으로 다른 것임을 명쾌하게 밝혀 준다. 곧 王陽明은 眞陰眞陽의 氣가 流行하고 응결된 것을 心이라 하고 그는 仁義禮智의 性이 心에 통합되어 있는 것을 心이라 한다고 心개념의 내용적 차이를 분석하였다. 따라서 王陽明의 心은 그의 입장에서 보면 氣를 가리키는 것이므로 명목상으로는 心卽理라 하지만 실질적으로는 心卽氣임을 밝혀 寒洲학파의 心卽理說에 대한 오해를 해명하고 있다.

이에 따라 그는 蘆沙 奇正鎭의 心卽理說이 철저하지 못함을 비판하기도 하고 華西 李恒老의 心主理說을 적극적으로 지지하여 柳重敎가 스승 華西의 心說을 수정한 것에 대해 비판하는 「柳省齋心說辨」을 지었으며 洪在龜와 柳基一의 心主理說을 보완하는 조언을 통해 華西 문하의 心說論爭에 뛰어들기도 하였다. 또한 嶺南학파 안에서도 寒洲의 心主理說이 退溪의 입장과 다르다는 비판을 제기한 李晩寅, 李載基 등에 대해 寒洲의 입장을 옹호하는 토론을 벌었고 心卽理說에 회의적인 李子翼 李種杞 曺兢燮과도 토론을 통해 설득해 갔다.

俛宇의 性理說에 관한 깊이는 「太極圖說通書謰解」를 통해 명확한 인식을 철저화하는 것이었고 「理訣」(5篇 28章) 「釋性」, 「釋知覺」, 「心出入集說」, 「四端七情說」, 「四七雜記」, 「心性雜記」 등의 저술을 통해

논쟁점을 체계적으로 제시하면서 명석하게 정의하였다.

「中庸大支辨」을 비롯하여 그의 經學的 업적은 師友·門人들과 서한으로 토론한 다양하고 치밀한 내용은 朴雨喜씨에 의해 「茶田經義問答」(12책)으로 정리되어 있고, 그의 禮學에 관한 토론도 門人 鄭德永에 의해 「禮疑問答類編」(3책)으로 정리되어 있다.

俛宇는 道學의 범위를 넘어서 兵法에 관한 관심에서 「太乙統宗寶鑑」(一名「蓮舟王字」), 「九十金洴澼方」, 「隨錄」 등 兵書를 手抄하였고, 「堪輿圖」도 手抄하여 연구하였다. 또한 새로운 시대적 문물의 변화에 깊은 관심과 이해를 지녀 독일인 步倫冠魅(요하네스 C 블룬츨리)의 「公法會通」에 대한 跋文을 짓고 門人 李寅梓의 「古代希腦哲學攷辨」에도 跋文을 지었다. 이러한 진취적 의식에서 日帝의 침략을 各國公館에 호소하기도 하고 巴里萬國平和會議에 長書를 보내는 국제사회 속에서 외교적 통로를 이용한 독립운동의 방법을 취할 수 있었던 것으로 볼 수 있다.

行蹟

慶南 山淸이나 居昌에 살고 있는 70~80세 되는 노인들은 '郭俛宇'라면 잘 몰라도 '郭文章'이라면 아직 또렷하게 기억하고 있다. '郭文章'이란 물론 俛宇 郭鍾錫이 문장에 뛰어났던 인물이었기에 붙여진 이름이지만 이 지역 사람들의 그에 대한 큰 기대가 짙게 배어 있는 호칭이기도 하다.

기세등등했던 老論의 압력 때문에 肅宗 이후 南人 학자들은 전혀 등용되지 못했다. 그래서 사람들은 문장이 뛰어난 인물이 나오면 그 문장으로 벼슬길에 올라 홀대받는 西部嶺南의 恨을 풀어 주기를 바랐다. 그 강렬한 욕구가 투사된 呪術的인 애칭이 바로 '郭文章'이었다는 것이 더 걸맞은 표현이 될지도 모른다.

俛宇가 道術을 부렸다든지, 축지법을 썼다든지, 俛宇 앞에서는 그의 눈에서 발하는 眼光 때문에 호랑이도 꿈쩍 못했다는 등의 전해 오는 이야기들도 이런 테두리 속에서 생각해 보면 뛰어난 인물의 비범한 면모를 강조한 데서 온 것이라는 사실을 쉽게 이해할 수 있다.

그러나 俛宇는 이 같은 이 지역 사람들의 기대를 만족시키지는 못했다. 사람들이 모두 자신들의 일인 것처럼 기뻐했던 벼슬이 내려졌어도 俛宇는 그것을 외면해 버렸다. 오직 일생을 학문 연구에 바쳐 성리학에 일가를 이루었고 西洋의 학문에까지 관심을 기울였던 대학자로서 살았을 뿐이다.

俛宇는 지금까지 그가 만년에 주도했던 巴里長書事件(儒林團사건)의 대표자로 더 잘 알려져 왔다. 오히려 이 유명한 사건 때문에 그의 성리학적 공헌이나 학자로서의 면모는 소홀히 다루어지지 않았나 하는 느낌마저 든다.

俛宇 郭鍾錫(1846~1919)은 지금의 慶南 山淸군 丹城면 沙月里 草浦부락에서 가난한 선비 郭源兆의 아들로 태어났다.

4세 때부터 글을 배우기 시작하여 6~7세 때는 이미 四書와 詩經에 통해 神童으로 인근에 널리 알려졌다. 12세 때 아버지를 여읜 俛宇는 18세 때 자기가 거처하는 방을 "숨어 드러나지 않음으로써 스스로 기른다"는 뜻으로 晦室(어두운 움집)이라 이름짓고 21세 때는 궁리끝에 「晦窩三圖」를 그려 성리학에 깊은 관심을 보이기 시작했다. 19세 때 大丘監營에서 열렸던 鄕詩에 급제했고, 20세 때는 서울에 올라가 會試에 응시하는 등 科擧도 보았으나 이것은 어머니의 권유에 따른 것이었고 俛宇 자신의 의사는 아니었다고 전한다.

22세 되던 해 고향인 草浦에서 50리 떨어진 三嘉縣 神旨동으로 집을 옮긴 俛宇는 2년 뒤 그곳에서 가장 험한 산골인 嶧洞(현 居昌군 神院면 中楡동)에 들어가 繹古齋를 짓고 7년 동안을 그곳에서 보내며 성리학 연구에 골몰했다. 이곳에서 25세 때 「四端十情經緯圖」를 지은 그는 그 해 겨울 星州 大浦로 寒洲 李震相을 찾아가 성리설의 의심나는 점을 묻고 그 동안 자신이 연구한 결과를 확인 한 뒤 寒洲를 스승으로 모셨다.

28세나 손위인 寒洲와 俛宇의 처음 만난 자리는 "理氣에 대한 학설이 합쳐져 두 사람의 무릎이 맞닿도록 자리가 가까워져도 깨닫지 못할 정도였다"고 기록되어 있다. 寒洲와 만난 뒤 俛宇는 「四端十情經緯圖說」(26세), 「四端十情經緯圖後說」(27세) 등 일련의 저술을 계속, 자신의 性理說의 방향을 확정짓고 확고한 기반을 다졌다. 다시 고향인 草浦에 돌아온 이후에도 「理訣」(1876) 등 중요한 저술을 고치지 않았다.

38세 때(1883) 金剛山을 유람하고 三陟과 太白山 일대를 돌아보고 온 俛宇는 그 다음 해인 1884년 春陽(慶北 奉化군) 乙項村으로 가족을 이끌고 들어갔다. 이곳에서 그는 스승 寒洲의 별세(1886) 소식을 듣게 된다.

茶川書院 뜰에 세워진 俛宇의 神道碑

"꿈속에 寒洲선생이 심의를 입고 대를 두르고 玉獅子(도장)를 들고 지나가시기에 '어디로 가시느냐'고 물었더니 '금강산으로 간다'고 대답하시지 않겠는가. 뒤에 알고 보니 그날 선생님께서 돌아가셨더군." 年譜에 실린 俛宇의 이런 이야기는 그가 허겁지겁 寒洲의 빈소에 닿자마자 빈소의 문이 저절로 열렸다는 이야기와 함께 두 사람의 師弟

之間의 정이 남달랐다는 것을 알려 주는 징표로 보아야 될 것 같다.

　1889년(44세) 봄에는 筬山이란 太白산맥 중의 협곡으로 옮겨 51세 때 居昌 茶田으로 다시 옮길 때까지 火田을 일궈 晝耕夜讀하면서 학문에 침잠했다. 그때 감자 1백 섬 농사를 지었는데 호를 俛宇라고 부른 것도 이때부터로 집의 처마가 낮고 좁아 출입할 때 언제나 머리를 아래로 숙여야 했기 때문에 '俛宇'라 했다고 한다.

　51세 때인 1896년에야 俛宇는 다시 居昌 茶田으로 나와 74세로 숨을 거둘 때까지 그곳에서 살았다.

　평생 입은 옷은 무명이었고 출입할 때는 한결같이 짚신에다 명아주 지팡이를 짚었다는 俛宇는 '여윈鶴'처럼 고고한 생을 보냈다. 그러나 보통 전통 유학자와는 다른 독특한 성리설의 전개와 義兵不參, 西洋 문물에 대한 포용적인 이해로 유림의 비난을 받으면서도 자신의 주장을 꿋꿋하게 지켜 갔던 인물이다.

　'心卽理'가 골자였던 俛宇의 학설은 栗谷을 중심으로 하는 畿湖학파의 '心卽氣說'과는 정반대되는 입장이었고, 유림의 宗師인 退溪의 '心合理氣說'과도 약간 개념이 달랐다. 따라서 유림의 兩大宗師를 모독이라도 한 것처럼 강한 배척을 받았다.

尼東書堂

茶川書堂

俛宇는 또 義兵에 불참함으로써 지탄의 대상이 되기도 했다. 그는 乙未사변이 일어나던 해인 1895년 春陽에서, 그리고 또 1906년 勉庵 崔益鉉에게서 의병에 참여하라는 요청을 받았으나 모두 거절해버렸다.

그 이유로 그는 자신이 군대 없는 布衣의 몸이라는 것과 의병이 대결해야 되는 군대가 官軍이라는 점을 들었다. 俛宇는 이 밖에도 의병에 응할 수 없는 이유로 거병하여 자칫 질서를 잃으면 日帝에게 나라를 하루아침에 빼앗겨 버릴 기틀을 만들어 주게 된다는 것, 잘못하면 도리어 逆臣의 누명을 쓰게 된다는 것, 일반 농민에게 오히려 폐해를 줄 가능성이 있다는 것 등을 들고 있다.

그러나 俛宇가 의병에는 불응했다 해도 국난을 보면서 좌시하고 있지만은 않았다. 乙未事變이 일어나자 그는 李承熙·李斗勳 등과 함께 서울로 올라와 각 국 公館에 '列國公館書'를 보내 日人의 패역함을 성토하고 그 죄를 다스리도록 호소했다. 乙巳조약이 체결된 1905년에는 乙巳五賊을 목 베고 조약의 부당함을 세계만방에 성명, 公法으로서 담판하도록 할 것을 주장하는 上疏를 올리기도 했다. 1910년 마침내 망국의 슬픔을 맞게 되자 俛宇는 杜門不出하고 時事에 관한 이야기는 일체 논의하지 않고 찾아오는 손님마저 들이지 않았다. 오직 문하에서 공부하는 후학과 학문을 토론하며 지냈다.

"韓國儒林代表 郭鍾錫·金福漢 등 1백 37 인은 삼가 巴里平和會諸大立閣下에게 奉書하노라. ……우리는 차라리 자진하여 죽을지언정 일본의 노예는 되지 않을 것이다." 1919년 유림대표 1백 37인의 연서로 약 2천 7백자에 달하는 '巴里長書'를 문인 金昌淑을 통해 上海로 보낸 俛宇는 곧 이 사건이 발각되어 구속됐다가 그 해 4월 大邱지방법원에서 2년형을 선고받았다.

"나는 살아 돌아갈 기약을 않고 이곳에 왔다. 왜 종신징역이 아니고 하필 2년이냐." 재판관에게 이렇게 호통을 쳤고 그들이 공소를 권유하자 "어찌 원수도적에게 빌붙을 것이냐. 공소할 곳은 하늘밖에 없다"고 외치던 俛宇는 감옥에서 병을 얻어 6월 22일 병보석으로 출옥, 8월 24일 茶田 如齋에서 눈을 감았다.

俛宇는 63冊이나 되는 방대한 문집을 남겼다. 그 속에는 다른 학파의 유학자는 상상도 할 수 없는 耶蘇教를 비롯한 서양의 문물제도 및 역사, 민주주의에 대해서까지 논급하고 있다. 유학에 대한 굳은 신념의 바탕 위에서 이루어진 서양에 대한 폭넓은 그의 이해는 서양 문화에 대한 선택적 포용가능성을 보여 주는 것으로 그의 선각자적인 면모를 읽을 수 있게 한다.

俛宇의 의병불참이나 세계 公義에 호소하려는 '巴里長書' 등의 노력도 그의 이 같은 사태의 추이를 관망할 수 있는 현실적인 안목과 연결지어 다시 구명되어야 할 것이다.

俛宇의 선구적 학풍은 晦峯 河謙鎭, 省窩 李寅梓, 眞庵 李炳憲, 希堂 金銖, 郎山 李存垕, 重齋 金榥, 崔益漢, 權尙慶, 憤庵 安燻 등에게 이어졌다.

俛門의 번성은 최근 세워진 스승 寒洲의 三峯서원에 俛宇가 다른 동문들과 함께 일괄적으로 종향될 수 없다는 주장을 할 정도로 큰 비중을 차지하고 있다.

"故韓徵士 通政大夫 議政府 參贊 兼 經筵館 侍講院 書筵官 俛宇 郭先生 神道碑"

居昌군 加祚면 場基리 原村부락에 있는 茶川書堂(1921년 건립) 묘

정에 세워진 신도비에는 면우가 생전에 모두 사퇴, 銘旌에도 쓰지 못하게 했다는 길다란 관직들이 나열되어 있다.

후손이나 후학들의 추도의 정을 이해할 수 없는 것은 아니지만 벼슬에 전혀 관심을 두지 않았던 면우의 뜻과는 너무 거리가 멀다는 느낌이 든다. 면우는 이제 더 이상 '郭文章'에 머물 필요가 없기 때문이다.

茶田經義答問

1) 本書의 編纂經緯와 體制

「茶田經義答問」22卷은 俛宇 郭鍾錫(1846~1919)이 평생에 걸쳐 師友 및 門人들과 往復書翰을 통하여 經書와 諸家의 註釋에 관하여 大義를 講究하고 疑問을 辨釋하였던 經義問答을 朗軒 朴雨喜翁이 編箋한 것이다. 本書가 編募되는 趣意와 經過에는 매우 깊은 뜻이 간직되어 있다고 하겠다. 먼저 編纂經緯와 體制부터 밝혀보고자 한다.

俛宇는 방대한 저술을 남겨, 그의 文集도 182卷(卷首 1卷, 目錄 4卷, 原集 165卷, 續集 12卷)에 이른다. 특히 그의 經學・禮說・性理・義理 等에 관한 豐富한 學問的 論議는 書翰속에 광범하게 散在되어 있다. 俛宇文集 속에서 書가 차지하는 비중은 129卷(原集에서 118卷, 續集에서 11卷)이나 되어 70%가 넘는 量을 차지한다. 따라서 俛宇의 學說과 思想을 論議하려면 그의 書翰을 빼놓을 수가 없다. 그러나 經學이라는 問題의 영역이 한정시키더라도 書翰가운데 흩어져 있는 論議를 體系的으로 綜合하여 把握하기가 매우 어려운 問題라 할 수 있다.

여기에 編者는 俛宇文集의 書翰속에서 단편적으로 다루어진 經學的論議를 빠짐없이 抽出하여서 經傳의 篇次에 맞추어 重複된 부분을 제거하면서 整理하여 編集하는 어렵고도 힘든 엄청난 작업을 수행하였다. 이 編纂作業의 과정을 傳聞한 바에 의하면 編纂者인 朗軒翁이 63歲(1967) 무렵에 着手하여 俛宇의 門人인 重齋 金榥(1896~1977)과 討論하면서 8年만에 初稿를 完成하였다 한다. 이 初稿를 重齋가 一次 校閱하고 1976년에 再稿를 重齋가 다시 校閱하여 完成하니 꼭 10年의 功을 들인 事業이었다. 이번에 影印刊行되는 계기에 再稿를 또 한번 正寫하였으니 本書는 三稿에 해당하는 것이고, 금년에 編纂者는 八旬을 맞았으니 전후 18年의 勞心 끝에 세상에 나온 귀한 업적이다.

本書의 編纂體制를 보면, 우선 책머리에 重齋가 1974年 初稿校閱을 마치고 쓴 序文인 「茶田經義答問題端」이 있고 책 끝에 編者가 1976年 再稿를 完成하였을 때 쓴 跋文인 「茶田經義答問後識」가 실려 있다. 그리고 目錄에서는 大學·論語·孟子·中庸·詩經·書經·周易·春秋로 전통적인 經傳讀書順序를 따라 배열되었음을 보여준다. 그다음 「茶田經義答問氏名錄」에서는 書翰을 往復하면서 經義를 討論한 人物로서, 俛宇의 스승인 寒洲 李震相(1818~1886)을 비롯하여, 后山 許愈, 勿川 金鎭祜, 膠宇 尹冑夏, 晦堂 張錫英 등 同門知友나, 晚求 李種杞, 老柏軒 鄭載圭 등 他門交遊 및 晦峰 河謙鎭, 深齋 曺兢變 등 門人들을 包含하는 229名의 名單과 慕寒齋, 宗川齋齋生團體가 수록되어 있다.

經傳別로 '總論'을 첫머리에 두었고, 大學에서는 總論 다음에 序·讀法·篇題의 章을 따로 설정하였으며, 中庸에서도 序·篇題의 章을 따로 두었다. 易經에서는 끝에 總目과 啓蒙의 章을 설정하여 河圖洛書와 朱子의 「易學啓蒙」에 관한 論議를 수록하였다.

本書가 書翰을 基本으로 하고 있지만, 俛宇의 經學論議를 集成하기 위하여 書翰이외에도 經義에 관한 저술을 本書體制속의 각 經傳 해당 부문에 수록한 것을 볼 수 있다. 곧 大學의 傳十章에 수록된 「書姜公溥絜矩辨後」이나, 易經의 說卦傳에 수록된 易逆數說」, 「後天卦語」나 春秋의 總論에 수록된 「春秋辨」등이 그것이다.

本書의 編者 朗軒 朴雨喜翁은 俛宇淵源에 속하는 宿儒의 한 분이

다. 그의 先親 朴遠鍾(遺稿 直庵遺集)은 俛宇의 門人이었고 또 그 자신은 俛宇門下의 高弟인 晦峰 河謙鎭을 師事하였으며 重齋에 從遊하며 信服하였다. 編者의 俛宇에 대한 尊慕의 精誠이 지극하지 않고서는 이처럼 어려운 作業을 完成할 수 없었을 것이다.

2) 俛宇의 思想과 學問方法

俛宇는 寒洲 李震相의 學統을 계승하여 韓末日帝期의 嶺南을 代表하는 碩儒의 한 사람이다. 寒洲의 아들 韓溪 李承熙는 자신의 일생에서 만나보고 깜짝 놀랐던 세 사람의 人才를 들면서 俛宇의 精駮함을 지적하였다. 그것은 俛宇의 學問方法과 體系가 얼마나 치밀하고 정확한가를 特徵的으로 說明해주는 말이라 하겠다.

俛宇는 21 歲때 「晦窩三圖」를 지어 晦菴(朱子)·晦軒(安珦)·晦齋(李彦迪)를 배우겠다는 자신의 道學的 學問方向을 밝혔다. 또한 25歲때 寒洲門下에 나가기에 앞서 「四端十情經緯圖」를 지어, 조선시대 性理學의 기본쟁점인 四端·七情問題를 四端과 十情으로 分類하여 이를 經緯論으로 再構成하는 독자적인 性理說의 體系를 제시하였다. 그는 처음에 農巖 金昌協이 七情을 五行에 相應시키는 方法을 檢討하다가 十情說로 조직화시켰지만 農巖의 性情經緯說이나 葛菴 李玄逸의 理氣經緯說을 비판하면서 四端十情經緯說을 정립하였던 것이다.

그는 寒洲의 心卽理說을 확고하게 신봉하면서 王陽明의 心卽理說과 根本的으로 다른 점을 明快하게 밝혀준다. 곧 王陽明의 心은 그의 입장에서 보면 氣를 가리키는 것이므로 실질적으로는 心卽氣의 입장임을 밝혀 心卽理說이 王陽明과 關聯된다는 오해를 해명하고 있다. 또한 그는 畿湖學派인 蘆沙 奇正鎭의 心卽理說이 철저하지 못함을 비판하고, 華西李恒老의 心卽理說을 지지하여 그 門人 省齋 柳重敎가 華西의 心說을 修正한 것에 대해 비판하기도 한다. 그리고 嶺南學派 안에서 寒洲의 주장이 退溪의 입장과 다르다고 비판하는 李晩寅·李載基 등에 대해 寒洲의 입장을 옹호하는 討論을 전개하였으며 心卽理說에 회의적인 李子翼·李種杞·曺兢燮과도 書翰을 통해 討論하면서 실득해 갔다. 그는 5篇 28章에 달하는 「理訣」을 비롯하여, 「釋性」·「釋知覺」·「心出入集說」·「四端七情說」·「四七雜記」·「心性雜記」 등의 저술을 통해 論爭點을 體系的으로 해명하며 명석하게 定義하고 있다. 또한 經學에서도 「中庸大支辨」이나 許愈와의 書翰을 통하여 中庸의 全體를 中庸·費隱天人·篤恭(下學上達)의 四支로 나누고, 中庸을 다시 中和와 中庸으로 天人을 다시 誠과 大德·小德으로 나누어, 4支와 6節을 이루는 構成體系로 제시함으로써 分析的 사고의 정밀성을 엿볼 수 있게 한다.

그의 學問方法理論은 「讀書說」(4篇)에서 잘 나타나고 있다. 그는 〈讀書하는 方法의 기본요령〉으로서, 먼저 書冊에 담긴 바른 의미 (正意)를 把握하고, 나아가 위로 근본의미 (本意)를 구명하며, 아래로 남은 의미 (餘意)를 추구할 것을 강조하였다. 또한 經書에서도 詩經과 書經은 대략 읽는 것이 좋고, 易經과 禮經은 상세하게 읽는 것이 좋으며, 春秋는 상세하게 읽을 곳과 대략 읽을 곳을 적절히 해야 하고, 四書는 일생토록 아침저녁으로 읽어야 한다는 실천요령을 제시하고 있다. 나아가 「讀書의 3類型」으로 글자만 읽어가는 形讀과 句節을 뽑아다 이용하려고만 하여 겉으로 흐르는 油讀과 書冊에 있는 사실이 마음에 相應하고 書冊에 담긴 道를 마음의 德으로 삼을 수 있는 心讀을 열거하면서 油讀의 害를 지적하고 心讀을 강조하였다. 또한 「讀書의 근본전제」로서 먼저 자신의 뜻을 세우고 표준(準的)을 확립하여야 함을 강조한다. 멈추지 않는 誠의 態度와 부지런하고 게으르지 않는 敬의 態度로서 理想의 표준을 추구하지 않으면 학문이 온전하게 이루어질 수 없음을 경계한다.

「讀書를 통한 진리의 인식방법」으로서 反應·參互·比類·推理·達權의 5曾는 侻宇에 있어서 認識 論理體系라 할 수 있다. 反應은 한 가지 사실의 정당함을 認識하면 그 反對事實의 부당함도 認識할 수 있는 것이고, 參互는 두 가지 狀態의 過하거나 不及함을 판단하여 中庸을 發見하는 것이며, 比類는 한 事件 속에서 도리를 認識함으로써 그와 유사한 다른 事件 속에서 각각의 도리를 類比시켜 認識하는 것이요, 推理는 각 事實 속에 내재된 이치를 추구하는 것이며,

達權은 보편적인 한 가지 原理의 認識을 통해서 구체적인 狀況에 따른 그 原理의 적용양식을 發見하는 것이다.

이러한 「讀書說」에 나타나는 俛宇의 학문방법론은 곧 그가 經學研究의 方法論으로도 適用시키고 있는 것이라 하겠다.

3) 經義와 答問의 意味

「茶田經義答問」은 書翰의 往復問答을 통해 나타난 俛宇의 經學을 經書篇次에 따라 整理한 것이다. 여기에 經學이라는 학문영역과 問答書翰이라는 學問方法의 두 요소를 區分하여 本書의 意味를 음미해 보고자한다.

經學은 經傳의 義理를 배우고 익히는 것으로 儒學의 基本이 된다. 本書의 序文(題端)에서 重齋 金榥은 '學問은 반드시 經義를 正宗으로 삼는다'고 밝히면서, 經을 '聖賢이 전해준 것이요, 道理가 모여 있는 것'이라 정의하고 있다. 經은 聖人의 가르침을 담은 書冊이면서 不變의 基準이 되는 道理를 내용으로 한다는 뜻이다. 따라서 儒學은 經學 위에서 성립하고 經學은 儒學의 학문과정에서 핵심적 기준인 것이다.

儒學의 思想史 또는 哲學史的 時代區分에서도 經學이 基準을 제공한다. 곧 漢代를 訓詁學이라 하고 宋代를 義理學이라 하고 淸代를 考證學이라 命名하는 것은 經學의 方法論을 基準으로 한 것이다. 朱子가 自身의 哲學體系를 確立한 것도 四書集註와 周易本義 등 經傳 註釋을 통해서 가장 뚜렷이 드러난다. 馮友蘭은 「中國哲學史」를 통하여 先秦의 諸子百家가 活動하던 時期를 子學時代라 하고, 前漢의 董仲舒에서부터 淸末의 康有爲에 이르기까지를 經學時代라 時代區分을 하고 있다. 그것은 經學이 中國哲學史에서 얼마나 根本的 위치를 차지하고 있는지 실증해주는 것이라 하겠다.

俛宇의 학문영역을 重齋는 名理(性理學)·治道(經世學)·禮說(禮學)·經說(經學)로 區分하고 있지만 經學이 근본임은 명백한 일이다. 俛宇의 禮學은 門人 鄭德永에 1938年 「禮疑問答類編」(10卷 3

冊)으로 編纂된 바 있다. 그러나 俛宇의 思想的 근거는 그의 經學을 통해 이해되어야 할 것이며, 이런 意味에서도 本書는 俛宇의 학문적 깊이와 범위를 이해하는데 절실한 작업을 수행한 것이다.

本書의 編纂이 完成됨으로써 俛宇와 함께 經義를 討論한 학문공동체의 經傳에 대한 관심의 비중이 선명하게 드러났다. 本書에 나타난 論議된 經義의 분량을 형식적으로 비교하여도 22卷 가운데 大學이 5卷, 論語와 孟子가 各 3卷, 中庸이 4卷이고, 詩經과 春秋가 各 1卷, 書經이 2卷, 易經이 3권이다. 따라서 四書가 15卷으로 70%에 가깝다. 또한 本書의 面數를 통해 봐도 大學의 經 1章이 40面이나 되고 中庸의 首章도 30面이나 된다. 經學의 가장 큰 爭點이 어디에 있는지 선명하게 드러나는 것을 볼 수 있다.

書翰의 往復問答을 통한 討論이 학문방법으로 중요시 된 것은 退溪의 경우 文集 57卷 가운데 37卷이 書翰임을 보아도 뚜렷이 보인다. 朱子에서도 文集중 거의 半이 書翰이다. 退溪가 朱子의 書翰에서 學問에 관련되고 실천에 절실한 것을 골라 「朱子書節要」(14卷 7冊)로 編纂한것은 書翰이 學問에 얼마나 중요한 것인가를 가장 잘 드러내주는 경우라 하겠다. 退溪는 자신의 書翰에서도 22篇을 골라 「自省錄」으로 題를 붙이고 省察의 資料로 삼았던 사실은 유명한 일이다.

經學에서 經義를 해석하는 方法으로 註釋을 하거나 論說을 짓는 방법이 있다. 그것은 자신의 이해내용을 체계적으로 일관성 있게 제시할 수 있는 방법이다. 그러나 經義를 知友나 門人이 묻는데 따라 그때 그 자리에서 대답하는 방법도 있다. 「四書或問」이나 「朱子語類」의 경우가 여기에 해당하겠는데 체계성과 일관성은 確保하기 어렵지만 구체적 의문점을 절실하게 대답해주는 效果가 있는 방법이다.

여기서 書翰의 往復問答은 위의 두 가지 方法을 綜合할 수 있는 機能을 가지고 있는 것이라 하겠다. 학문이 個人의 의식 속에서 構成되는데 머무르지 않고 서로 質疑 討論함으로써 문제점을 깊고 절실하게 추구할 수 있으며. 또한 대화보다 書翰의 형식은 질문에서나 대답에서 깊이 체계적이고 일관된 검토와 사색을 할 時間의 여유를 갖는다. 따라서 書翰의 往復問答은 儒學의 학문전통이 가장 의미 깊게 개발한 학문방법이라 할 수 있다. 書翰形式은 經學의 硏究에서도 註釋經學·論說經學이나 對談經學의 경우와 구별하여 書翰經學으로서 중요한 經學的 방법을 이루고 있는 것이다.

4) 本書絹纂의 意義

「茶田經義答問」이 編纂된 사실은 지금 이 자리에서 몇 가지 뜻 깊은 意義를 지닌다.

첫째는 俛宇의 思想을 연구하는 유용한 文獻이라는 점이다. 俛宇의 經學思想은 本書를 통해 훨씬 힘들이지 않고 접근될 수 있게 되었다.

둘째는 이 유용성이 한사람의 漢學者 손에 의한 10年積功으로 이루어진 정성과 노력의 結晶이란 점이다. 마치 辭典이나 索引作業처럼 기초적이면서 고된 작업이 지금시대에 개인의 儀牲精神만으로 성취된다는 것은 우리의 학문풍토에 너무나 소중한 귀감이 될 것이다.

셋째는 俛宇의 經學을 통해 지금 이 時代에서 韓國經學史의 傳統을 계승하는 중요한 업적을 이루었다는 점이다. 近代化 속에 儒學의 쇠퇴와 더불어 經學은 한글로 번역하거나 단편적으로 經義를 해명하는 수준에서 크게 벗어나지 못하고 있는 것이 現況이다.

끝으로 80老齡의 編者가 韓國經學傳統의 遺産을 오늘에 계승시킬 수 있는 중요한 징검다리를 놓아주었다는 점에서 뜻 깊은 업적에 진심으로 敬意를 표하고자 한다.

韓溪 李承熙

年譜

1847년(憲宗 13)=2월 19일 星州大浦里(현 慶北 星州군 月恒면 大川 1동)에서 星山李氏 寒洲 李震相의 아들로 출생.

1867년(21세)=五個條時局對策文을 올림.

1886년(40세)=부친인 寒洲 李震相 죽음.

1894년(48세)=東學亂을 피해 居昌 源泉으로 이거.「內則章句」「曲禮章句」지음.

1896년(50세)=乙未事變이 일어나자 日本을 誅討하는 통고문을 지어 각국 公館에 보냄.

1902년(56세)=英國人 韋濂臣(알렉산더 윌리암슨)에게 편지를 보내 上帝에 대해 토론.

1905년(59세)=乙巳條約이 체결되자 '請誅賊臣罷勒約疏'를 承政院에 올림. 12월 25일 大邱 경무소에 피검(1906년 4월 7일 출옥).

1907년(61세)=和蘭 海牙에서 열린 萬國平和會議에 편지를 보냄. 國債報償운동의 星州郡회장으로 활약.

1908년(62세)=星山鄕約을 만듦. 亡命을 결심하고 4월 20일 釜山을 떠나 5월 9일 海蔘威(블라디보스토크)에 도착.

1909년(68세)=中國 密山府 韓興洞으로 이주.「日則銘」,「五綱十目」을 지어 韓人들에게 매일 암송하도록 함.

1912년(66세)＝중국의 總統 袁世凱에게 편지를 보내 時務를 논함. 「東三省時務私議」, 「家範」, 「女範」 지음
1913년(67세)＝東三省韓人孔敎會를 창립, 北京에 가서 支會로 승인 받음
1914년(68세)＝曲阜에 가서 孔子유적을 돌아봄. 「孔敎敎科論」, 「孔敎進行論」, 「聖祀冠服說」을 지음. 康有爲와 丁義華(萬國改良會 대표, 美國人)에게 時務를 논한 편지를 보냄
1915년(69세)＝「音文類表」, 「孔子世紀」, 「堯舜官天下論」을 지음
1916년(70세)＝2월 28일 奉天小北關에서 죽음

韓溪 李承熙 眞影

思想

　　韓溪 李承熙는 從祖父 凝窩 李源祚와 父 寒洲 李震相의 家學을 받아 韓末 嶺南유학의 한 학통을 이룬 寒洲학파를 정립하는 데 중요한 역할을 수행하였다.

　　그는 寒洲의 心卽理說을 확고하게 신봉하면서 명백하게 해명하고 있다.

　　「書先君心卽理說後」(1890)에서 理氣가 서로 떠날 수 없으면서 서로 혼동될 수 없는 관계, 곧 하나이면서 둘이라(一而二)는 관계를 진주와 물 또는 기름과 불의 관계로 비유하는 것이 적절하지 못함을 지적한다. 나아가 璞(玉의 原石)에 돌과 玉이 섞여 있는 사실에 따라 璞을 玉이라 하거나 돌이라 규정하는 데 비견하여 마음을 理로 파악하거나 氣로 파악하는 입장의 오류를 지적하였다.

　　그는 璞을 玉이라 하고 마음을 理라 규정하는 것이 돌보다 玉이 중요하다거나 氣보다 理가 참된 것이라는 상대적인 평가를 넘어서 理가 主宰가 되어야 한다는 초월적 지위를 확인하고 있다. 따라서 玉이 돌을 벗어나지 못한다는 主氣論을 부정할 뿐 아니라 돌을 제거하고, 玉만을 추출해 내야 한다는 主理論도 비판하고, 王陽明의 心卽理說이 璞을 玉이라 하여 돌까지 玉으로 보는 입장에 비해 寒洲의 心卽理說은 璞에서 主宰性이 玉에 있음을 확립하는 것임을 명백히 분별시켜 준다.

　　1897년 寒洲文集이 간행되어 陶山書院에 奉呈하자 寒洲의 性理說이 退溪의 입장을 비판하는 것이라 하여 寒洲文集을 반송하고, 나아가 陶山書院과 尙州의 道南書院에서 寒洲를 배척하는 通文이 나오는 데까지 이르렀다. 이때 韓溪는 李晚寅의 비판에 대해 「宣錄條辨」을 지어 26條目으로 분석, 해명하고 있으며 「陶山通文條辨」과 「道南通文條辨」에서도 寒洲에 대한 비판을 조목별로 반박하였다.

　　李晚寅에 의하면 寒洲는 心卽理說에 근거하여 退溪가 心合理氣라는 전제 위에서 理氣互發을 주장하는 것이 理와 氣가 각각 발동하는 혐의(各發之嫌)가 있다고 거부하면서 모두 理의 발동이라 주장한다고 지적된다. 韓溪는 이에 대해 退溪의 「聖學十圖」 중에서 心統性情圖의 3圖에 따르면 上圖에서는 心의 本體를 설명하면서 性과 情이 모두 理임을 밝혔고, 中圖에서는 心이 理와 氣가 결합된 곳에서 理를 주장으로 설명하면서 性과 情에 理와 氣가 있지만 本體는 理임을 밝혔으며 下圖에서 비로소 性이나 情에 理와 氣가 상대되어 설명되고 있음을 분석한다.

따라서 退溪의 본의가 心의 本體를 理로 보았고 理와 氣의 결합 속에서도 主宰하는 것이 理임을 인식하였다 하여 寒洲의 心卽理說이 退溪의 입장과 어긋나지 않음을 논증하였다.

그는 寒洲와 退溪의 性理學的 命題가 서로 상당한 차이가 있고 이에 따라 嶺南학파 안에서도 반박이 심했음에도 불구하고 寒洲의 입장이 朱子와 退溪의 근본정신을 계승하고 있음을 정밀하게 해명하였다. 따라서 曲阜의 孔子墓를 참배할 때 드린 '告孔子墓文'에서도 '聖人의 학문은 理를 주장하여 氣를 바로잡는 것일 따름이다'(聖人之學, 主理以正其氣而已)라 하여 主理論을 관찰하고 있음을 보여 준다.

韓溪는 韓末 日帝의 침략에 항의하고 乙巳五賊을 討罪하는 上疏를 올렸다. 國債報償運動에 가담하여 활동하였고, 헤이그(海牙)의 萬國平和會議나 각국 公館에 日帝의 침략을 고발하는 글을 짓기도 하였으며, 마침내 62세 때(1908)부터 블라디보스토크(海蔘威)를 거쳐 중국에서 亡命생활을 하였다. 이 망명생활 속에서 그는 유교이념을 생활규범으로 재정립하기 위해 孔子教운동을 전개하였다. 그는 1913년 東三省 韓人孔教會를 창립하고 北京에 가서 支會로 승인을 얻었다. 또한 「孔教教科論」・「孔教進行論」・「聖祀冠服說」 등을 지어 孔教의 교육 내용과 제도를 체계화시켜 孔教會雜誌에 발표하고 孔道會에서 講演을 하는 등 北京孔教會에서도 활발한 활동을 보여 주고 있다.

韓溪는 韓末 개화파에 의해 西歐지향적인 개혁론으로 전통사회의 동요와 붕괴가 격심하게 일어나는 현실 속에서 道學이념의 전통적 기반을 강화하기 위해 유교사회의 조직과 교육과정의 제도적 개혁안을 제시하는 데 일찍부터 예민한 관심과 치밀한 체계화를 추구하였다.

「正蒙類語」(1884)와 「蒙語類訓」(1888)은 종래의 千字文을 대신해 漢字교육을 통해 幼年期의 교육내용을 체계화시키고 있다. 「內則章句」, 「曲禮章句」(1894), 「家範」, 「女範」(1912), 「閨儀」, 「中範」 등은 유교의 도덕규범에 따라 의례절차와 여성의 예절을 치밀하게 체계적으로 제시한 것이다.

'柳洞坊約'이나 '星山鄕約'을 제정하고 시행하며 '鄕約', '約會儀'의 제정도 鄕約組織의 정밀한 구성을 보여 준다. 또한 「弟子職集解」, 「學制規則」, 「學案規則」, 「學課規則」은 교육제도에 대한 구상이었다. 「東三省新附韓民事宜私議」, 「東三省時務私議」에서는 亡國韓人의 현실문제를 논의하였고 「中華內政急務私議條錄」에서는 財政과 學政에 관한 중국의 정치개혁안을 논의하여 현실적 실무에 대한 관심의 깊이를 제시하고 있다.

韓溪의 생활규범과 현실문제에 관한 구상과 개혁안은 「五綱十目」 속에 체계화된 것처럼 철저히 유교이념에 근거를 두고 있는 것이다. 따라서 그는 중국인 李文治와의 대담에서 辛亥革命에 따라 中華民國이 수립된 것도 滿洲族의 淸朝보다 유교에 파괴적인만큼 光復이라 할 수 없다 하고, 당시에 고조된 民族(種族)主義도 유교의 導理를 외면하면 국가간에 利己的 갈등과 투쟁을 초래할 것이라고 경고하고 있다.

行蹟

韓溪 李承熙(1847~1916)는 孔子敎를 세워 몰락해 버린 유교이념을 되살리고 잃어버린 나라를 되찾으려 불같은 정열을 쏟았던 인물이다. 특히 그는 망명지인 중국에서 당시 서적과 저명인사들과의 교류를 통해 西歐사상까지 검토할 수 있는 기회를 얻어 사고의 폭을 넓혔고, 그러한 기반 위에서 유교이념을 재조직하고 체계화시킨 한

국 근대유학사상 빼놓을 수 없는 전통 유학자였다.

韓溪는 韓末 嶺南학파의 한 학통을 이룬 寒洲 李震相의 아들로 星州 大浦里에서 태어났다. 5세 때부터 성리학자인 아버지 밑에서 자랐던 韓溪는 家學을 이이 계속 학문에만 몰두했다. 약관인 21세 때 (1867)벌써 興宣大院君에게 聖學·戶籍·田制·選擧·制兵 등 '時局五個條對策文'을 올렸고 金弘集이 일본에서 '黃遵憲私議'를 가져와 嶺南유림이 萬人疏를 지어 올리는 등 물의를 빚었을 때, '斥邪疏'를 올릴 수 있을 정도로 그의 학문은 성숙해 있었다.

아버지인 寒洲가 세상을 떠나기 전까지 韓溪가 성리학연구와 토론에 얼마나 몰두했었던가는 훗날 韓溪의 行狀을 쓴 張錫英이 '西山(眞德秀) 父子가 今世에 다시 나타났다'고 표현한 것에서도 짐작해 볼수 있다.

젊었을 때 韓溪는 친구인 明美堂 李建昌이 간곡하게 관직에 나아갈 것을 권유했어도 마다하고 오로지 선비의 길만을 지켰다.

40세 때(1886) 아버지 어머니를 함께 여읜 그는 그 이후 許愈, 郭鍾錫, 尹冑夏 등과 아버지의 文集을 교정하고 간행하면서 향리의 鄕約 등을 만들어 활동하다가 閔妃가 시해되는 乙未사변이 일어나자 (1895) 일본의 야만적 행위를 규탄하는 布告文을 작성, 각 국 公館에 보내 울분을 토로하기도 했다.

1903년 그가 57세 때 조정에 遺逸로 천거되어 圖邱壇參奉, 章陵參奉, 慶廟參奉 등의 벼슬이 내려졌으나 끝내 그 직에 나아가지 않았다.

뒤이어 乙巳條約이 체결되었다는 소식을 전해들은 韓溪는 서울에까지 가서 "李完用 등 五賊臣은 大韓綱常之賊이요 伊藤博文은 天下綱常之賊이니 이들을 목 베지 않으면 안 된다"고 주장하는 상소를 두 차례나 올렸으나 왕의 비답을 얻지 못하고 귀향, 오히려 日兵들에 의해 大邱경무서에 구금되어 버렸다.

3개월여의 옥살이를 하는 동안에도 后山 許愈의 行狀을 짓고 아버지의 유저인 「四禮輯要」를 교정하는 등 평소와 다름없이 지내면서 日人들의 회유를 물리쳤다. 伊藤博文이 서울에 統監府를 설치한다는 소식을 감옥에서 전해들은 그는 옥중에서 伊藤을 힐책하는 편지까지 썼다.

출옥하던 날(1906년 4월 7일) 일병들은 그에게 다시는 상소를 올리지 않겠다는 약속을 받아 내려 했다. 그때 韓溪는 다시 감옥으로 걸어 들어가면서 이렇게 내뱉었다고 그의 문집에 기록되어 전한다. "나는 나가고 싶지 않다. 한 사람의 일본인을 죽여 나라의 원수를 갚을 용기도 없는 처지인데 여기 오래 갇혀 있어 일본이 강제로 조약을 맺었다는 것을 만방에 알리겠다."

당시 전국에서는 徐相敦을 중심으로 전국민이 담배를 끊어 나라의 빚 1천 3백만 환을 갚자는 國債報償운동이 한창 일고 있었다. 韓溪는 출옥한 뒤 자신의 回甲잔치를 위해 자제들이 준비해 둔 돈을 모두 헌납하고 이 운동의 星州郡회장직을 맡아 일하기도 했다.

韓溪의 本家 사랑채

그러나 일본의 만행이 극에 달하고 나라가 회복될 기미가 보이지 않자 원수인 일본과 같은 하늘 아래서 살 수 없다고 판단한 韓溪는 62세의 노구를 이끌고 1908년 4월 20일 東萊에서 블라디보스토크

행배를 다고 망명길에 올랐다.

  慶北 星州군 月면恒 大山 1동 -

  星州에서 大邱로 뚫린 국도를 4km쯤 달리다가 동남쪽 소로로 접어
들어 다시 10리 남짓 더 들어가 숨어 있는 이 마을이 星州 李씨들이
대를 물려가며 살아온 韓溪의 고향이다. 널찍널찍한 대지 위에 토담
이 둘러쳐진 전형적인 양반집 가옥들이 들어서 있는 이 마을 제일 높
다란 곳에 韓溪의 本家가 자리 잡고 있다. 20여 년 전만 해도 1백여
호의 큰 마을이었다지만 지금은 그 절반이 조금 넘을까 하는 60여 호
에 사람이 살고 있을 뿐 모두 도회지로 빠져 나가 버려 텅 빈 듯한
느낌을 준다.

  1천여 평의 대지 위에 7채의 건물들이 들어선 朝溪의 본가는 지은
지 3백여 년이 되어 가는 古家. 지금 이 집에는 韓溪의 장손인 李海
錫옹(77)이 살고 있는데 대문에는 아직 滿洲 등지로 아버지를 뵈러
다녔던 韓溪의 큰아들 '李基元'씨(82년 작고)의 문패가 그대로 내걸
려 있다.

  "海蔘威에서도 5백리를 더 걸어가서 선인을 뵈었지. 그 고생이란
말할 수도 없었다. 선인께서는 나를 보시더니 '니가 여길 어디라고
왔노' 하셨는데……"

  지난 해 98세로 작고한 基元씨가 후손들에게 남기기 위해 녹음해
둔 데이프에 귀를 기울이면서 韓溪의 망명생활을 직접 눈으로 본 사
람의 입으로 이렇게나마 듣게 되는 것이 얼마나 다행스러운 일인가
하는 생각을 해 본다.

  체증이 심해 뜨거운 것을 못 들었던 韓溪를 부모처럼 공경, 때마다
찾아와 뜨거운 밥을 식혀서 올렸다는 溥齋 李相卨의 이야기며, 언젠
가 찾아 와 여인이 이고 가는 물동이의 손잡이 사이로 총알을 관통시
키는 사격솜씨를 보였던 安重根의 이야기 등, 이어지는 基元씨의 이
야기를 韓溪가 거처하던 사랑채에 앉아 옛날이야기처럼 듣는다.

  韓溪는 海蔘威에 망명하면서부터 괄목할 만한 활동을 벌였다. 역
시 그곳에서 망명하고 있던 李相卨을 만난 韓溪는 그와 합심하여 韓
人들의 존경받는 스승으로서 교육에 관여하기도 했고 毅庵 柳麟錫과

도 교유했다. 1909년에는 吉林省 密山府 韓興洞(韓人마을)에 가서 살면서 「日則銘」, 「五綱十目」을 지어 마을 사람들에게 매일 암송하도록 해 우리 전통 유학의 바탕을 잃지 않고 생활 속에서 유교이념을 실천해 갈 수 있도록 힘쓰기도 했다.

朴殷植을 비롯 독립에 뜻을 둔 사람이면 韓溪를 찾아오지 않은 사람이 없었을 정도로 그는 이주민과 망명객들의 정신적 지주 역할을 했다. 그뿐 아니라 해박한 지식과 유교에 대한 정열로 康有爲, 李文治, 薛正淸, 龍澤厚, 陳煥章 등 중국의 학자들을 감복시켰고 당시 총통 袁世凱, 부총통 趙爾巽에게 서한을 보내 時務를 논하고 유교를 정치이념으로 삼아야 한다고 주장하는 등 그의 활동은 눈부셨다.

1913년 東三省 韓人孔敎會를 창립한 그는 北京에까지 가서 자신이 세운 孔敎會를 승인 받았고 그곳에서 외국의 학자들과 함께 강연회에 연사로 나서서 자신의 생각을 널리 전하기도 했다. 韓溪가 쓴 「孔敎敎科論」은 중국인 孔敎會에서도 채택하겠다고 나섰을 만큼 그는 중국인들에게서도 뛰어난 존재로 인정받았다.

1914년에는 孔子廟가 있는 典阜 일대를 샅샅이 답사, 孔子敎를 통해 유교를 재정립시켜 보겠다는 생각을 한층 더 굳게 다졌다. 1915년 遼中縣德興堡(瀋陽부근)에 공동으로 개간, 韓人들의 생업 및 교육 자금을 조달하기 위해 사들였던 땅이 중국인의 속임수로 홍수만 지면 물바다가 되는 땅이라는 것을 알게 된 韓溪는 다시 거처를 옮겨 1916년 1월 奉天 小北關에서 병으로 자리에 누운 뒤 2월 28일 새벽 4시 "이 나라 공동묘지에 묻어 달라"는 말을 되뇌며 70세를 일기로 숨을 거두었다.

대부분의 선각자가 그렇듯 韓溪는 자신의 이상을 펴지 못하고 세상을 떠났다. 그러나 그는 수많은 저서 속에 전통 유교이념에 근거를 둔 개혁안을 담아 전하고 있다.

韓溪에 대한 학계의 연구는 거의 되어 있지 않다. 83년 7월 초에 국사편찬위원회에서 「韓溪遺稿」 9卷이 겨우 완간되었을 뿐이다. 다행스럽게도 아직 공개되지 않은 저술·서한 등이 후손들에게 많이 남아 있다. 이 기회에 韓溪에 대한 연구가 활발해져 유교전통 속에

서도 미래를 건설할 수 있는 새로운 가능성이 숨어 있다는 사실을
하루 속히 확인할 수 있게 되기를 기대해 본다.

晦峰 河 謙 鎭

年譜

1870년(高宗 7)＝1월 28일 晋州 士谷里(현 慶南 晋陽군 水谷면 士谷리)에서 晋陽河氏 載翼의 아들로 출생.

1886년(17세)＝晋陽 鄭氏를 부인으로 맞음.

1893년(24세)＝曹兢燮・韓愉 등과 曺南冥선생 學記교열.

1896년(27세)＝居昌 茶田으로 俛宇 郭鍾錫을 찾아가 스승으로 삼음.

1908년(39세)＝「語類節要」(10冊)을 편찬함.

1913년(44세)＝鄭麟錫・趙顯珪와 함께 中國 安東으로 여행.

1917년(48세)＝龜岡精舍 지음. 「性師心弟辨」(2편), 「安義士傳」, 「神州光復誌」 지음

1921년(52세)＝「國性論」(3편) 지음.

1925년(56세)＝金剛山 유람.

1929년(60세)＝「名將列傳」, 「勇將列傳」 지음.

1931년(62세)＝德谷書堂 세움.

1938년(69세)＝「東儒學案」 저술을 위해 京城도서관 출입.

1939년(70세)＝「朱語節要」(10冊) 간행.

1940년(71세)＝金剛山・關西지방 유람.

1941년(72세)＝「東詩話」 저술.

1943년(74세)＝「東儒學案」 완성.

1945년(76세)＝李明善의 편지에 답해 黨禍를 논함.

1946년(77세)＝6월에 병석에 누워 7월 11일 죽음.

晦峰 河謙鎭 眞影

思 想

"心이라는 한 글자는 유학의 宗旨이다. 그러나 우리나라 유학자들의 학설이 어지럽게 얽혀서 아직 귀결되지 못하고 있다. 내가 한편 쓸어내고 千聖이 이어 전해 온 참뜻을 드러내어 현재와 장래의 학자들에게 밝히려 하였으나 이제 못 이루고 끝나니 한스럽다."

이 말은 晦峰이 만년(74세 때)의 병석에서 자신의 일생을 통해 갈망해 오다가 못 이룬 3大恨의 하나로 지적한 것이다. 그만큼 그는 학문적 포부가 크고 신념이 확고했음을 보여 준다.

그는 27세 때부터 俛宇 郭鍾錫을 師事하지만 이미 韓愉 등과 理氣論에 관한 토론에서 자신의 입장을 확립시키고 있으며 退溪의 저술을 정밀히 검토하여 退溪選集의 성격을 갖는 「陶文酌海」(6冊)를 편찬하기도 하였다.

晦峰은 30대 초반에서 당시 老師熟儒인 許愈(后山) 張福樞(四未軒), 郭鍾錫, 李承熙(大溪),를 비롯한 師友들과 理氣論·心性論·四七論明德論·理象體用說·氣體理用說·性師心弟說 등 성리학의 주요 쟁점에 관해 광범하고 활발한 토론을 벌이면서 자신의 이론적 근거를 연마해 갔다.

그리고 48세 때 저술한 「性師心弟辨」(2편)에서는 性을 높여서 師로 보고 心을 낮추어 弟로 보는 吳熙常(老洲)이나 田愚(艮齋)의 입장을 비판하면서 心이 性情을 포괄하고 主宰한다는 주장을 명백히 하였다.

心이 理인가 氣인가의 문제에 관한 嶺南학파와 畿湖학파의 해묵은 문제는 韓末에 이르러 畿湖의 華西학파와 蘆沙학파에서 心主理說이 제기되는 등 새로운 불씨를 안은 논쟁점으로 나타났다. 여기서 晦峰은 心을 本體와 發用의 양면으로 분석하고 다시 發用을 直遂와 橫出의 2양상으로 분별하였다.

그에 의하면 本體나 直遂의 發用에서는 心을 理라 할 수 있고 橫出의 發用에서는 心을 氣라 할 수 있으며 전체로 말하여 理氣가 합한 것이라 할 수 있다 한다. 따라서 그는 어느 한 측면만 주장하는 心說의 편협함을 비판하면서 다양한 입장을 전체적으로 종합하는 이론체계를 제시하였던 것이다.

또한 50세 때(1919)의 저술인 「心爲字母說」(5篇)은 그 자신이 추구했던바 우리나라 유학의 心性理氣說이 분열된 것을 통합할 수 있는 이론이라는 것을 확고한 신념 속에 밝히고 있다. 곧 性이나 情이 心의 한 측면 내지 부분이고 心이 母體임을 力說하는 것이다.

性은 根源에 비유하고 情은 支流에 비유한다면 心은 전체로서의 물(水)이고, 性을 뿌리에 비유하고 情을 줄기에 비유하면 心은 전체로서의 나무(木)라 보았다. 따라서 性과 心을 상대시켜 理나 氣에 배속시키는 종래의 心性說을 전면적으로 부정한다. 그의 心說은 性情을 心에 내포시킴으로써 心을 궁극적 존재로 太極이나 上帝에 상응시키고 있으며 理氣說로써 心을 해명하는 것을 거부하지는 않지만 理氣說에 구애되는 것을 넘어서려는 입장을 보여 준다.

晦峰은 그의 시대가 처한 역사적 변화에 예리한 통찰과 판단을 지님으로써 斥邪衛正論의 보수적 태도를 벗어났다. 곧 그는 1907년에 스승 郭俛宇에게 時事와 出處의 義理에 관해 논의하면서 유학자가 단결하여 서울에 홍보관(報館)을 설치하여 유교가 세상에 補益함이 있고 空言이 아님을 널리 알리며 家塾 등 書堂에서 人材를 길러야 國脈을 회복하고 民權을 세울 수 있다고 주장하였다. 또한 52세 때(1921) 저술한 「國性論」(3편)에서는 한 국가의 정신으로서 國性을 제시하고 국가가 그 정신(國性)을 지키느냐 잃느냐에 따라 存亡이 결정된다고 지적하였다.

그는 우리나라의 國性이 禮義임을 강조하고, 서양열강의 技術·勢利·武力에 대적이 되지 않는다 하여 그들을 모방하려 하고 禮義를 버릴 것이 아니라 우리의 고유한 國性으로써 禮性을 근본으로 확립하고 그 위에 다른 나라의 장점을 받아들여야 한다고 역설하였다.

자기의 고유한 성품을 버리고 남의 臣僕이 되어서 남의 衣冠·器物과 풍속을 따르면서 이를 文明이라 일컫는 세태의 수치스러움을 준엄하게 힐책하고 있다.

그는 서양문물에 대한 깊은 관심에서 東西洋歷史를 저술하려고 시도하기도 하였고 鄭友鉉과 東西哲學에 관한 토론도 벌였으며, 유학의 末弊에 관한 반성적 비판에도 과감하였다. 그러면서 康有爲 梁啓超 등의 變法論을 功利說이라 비판하고 있는 것은 그의 이상이 혁신론이라기보다는 전통의 계승을 통한 조화적 개선론이었음을 엿볼 수 있게 한다.

그가 74세(1943) 때 완성한 「東儒學案」(23篇 3冊)은 동문 張志淵의 「朝鮮儒敎淵源」(1922刊)과 더불어 한국 유학사 내지 한국 유가 철학사를 정리하여 체계화시킨 최초의 역저로서 현재에도 한국 유학사 연구에 필수의 지침서가 되고 있다.

行蹟

"사람이 육신은 살아 있다 하더라도 그 마음이 죽으면 그것은 사람이 아니다. 나라도 이와 같다. 社稷과 宗廟가 존재하더라도 國性이 쇠퇴하면 나라가 아닌 것이다. 요즘 세상의 학자들은 우리 國性은 비루하다 하면서, 우리가 숭상하는 것은 禮義인데 예의 가지고는 나라를 다시 세울 수 없다고 주장한다. 그래서 모든 사람들이 부화뇌동, 경전을 버리고 벌레가 기어가는 것 같은 글자를 배우면 식견이 높다하고 우리 땅을 버리고 서양에 다녀오면 달관했다 하며 머리를 깎고 양복을 입으면 선각인이라고 부르고 있다. 그들이 人倫을 저버리고 외세에 아부하는 것을 비난하면 그들은 큰소리치면서 말하기를 우리처럼 하지 않으면 강토는 회복할 수 없고 노예를 면할 수가 없다고 말한다. 이렇게 해서 강토를 회복하고 노예를 면할 수 있다면 참으로 다행스런 일이겠으나 이미 그 본성을 잃어버리고 남의 풍속을 따라가고 있으니 내가 보건대 강토가 비록 회복된다 해도 노예 되기는 마찬가지인 것이다."

1921년 晦峰 河謙鎭(1870~1946)은 서울에서 1천여 리나 떨어

진 벽촌 작은 書室에 들어앉아 이렇게 국가의 정신과 이념의 중요성을 강조하는 「國性論」을 써 내려 갔다.

그것은 나라를 빼앗긴 지 10년이 지났어도 정신을 못 차리고 분별없이 새로운 문물섭취에만 눈이 어두워져 있는 조선인의 풍토를 지켜보면서 전통 문화에 대한 自尊의식과 自存의지의 필요성을 절실하게 자각했던 한 전통 유학자의 피맺힌 절규였다.

학문연구와 덕행을 쌓는 것을 천직으로 여기고 일생을 벽촌에 묻혀 살면서 죽기 직전까지도 식을 줄 모르는 학구열을 지니고 있었던 晦峰은 서양을 짐승이나 벌레로 여기는 보수적인 斥邪衛正論者는 아니었다. 그는 유교의 폐단을 과감하게 지적할 줄도 알았고 수많은 저술과 광범한 독서를 통해 서양 역사에 대해서도 깊은 관심을 가졌던 유학자였지만 전통 사상을 계승, 그 위에 새로운 문화를 건설해 보려는 끈질긴 노력을 끝까지 고집했던 인물이다.

慶南 晋陽군 水谷면 士谷리─ 晋州시에서 河東 가는 비포장도로를 따라 40리쯤 가다가 泗川군 昆明에서 서북쪽으로 꺾어 들어 30리 남짓 더 들어가면 水谷 면소재지에 닿게 된다. 이곳에서 다시 서쪽으로 2km쯤 더 들어가면 나지막한 산에 둘러싸여 숨어 있는 士谷리라는 마을이 있다. 이 지방 사람들은 이곳을 '싹실'이라고 부른다. 士谷리는 70여 호쯤 되어 보이는 윗마을 士谷과 40여 호의 아랫마을 德谷이 1km쯤 간격을 두고 분리되어 있다. 대나무 숲에 싸인 농가와 잎이 떨어지고 노란 알감만 달린 감나무, 언덕 위의 노송들이 어우러져 정겨운 마을 풍경처럼 晋陽 河씨들이 오순도순 모여 사는 씨족부락이다.

樹齡이 5백여 년은 되어 보이는 두 그루의 큰 느티나무와 마을 앞에 넓은 못이 마을의 연륜을 짐작케 해 주는 士谷에 晦峰이 나서 자라고 죽어간 옛집이 지붕만 슬레이트로 바뀐 채 그대로 남아 있다. 증손인 炳棟씨(34)가 釜山에 나가 살고 있어 晦峰의 며느리인 許차조씨(65. 60년 사망한 晦峰의 독자 泳允의 부인)만 옛집을 지키고 있다.

端宗 때의 충신인 鄭愚谷이 "선비 기운이 골짜기에 가득하다"(士氣

滿谷)고 한 데서 '士谷'이라는 이름이 붙었다는 이 마을에서 晦峰은 태어났다. 선비로 77세의 일생을 오로지 이 마을에서 보냈고 죽은 지도 40년이 채 못 되는 인물인데도 마을 사람 중에서도 이제는 그를 기억하고 있는 사람이 드물다.

晦峰에게 직접 글을 배운 적이 있다는 河聖根옹(74)만이 어렴풋한 기억을 되살려 옛이야기를 들려 줄 뿐이다.

"작은 키에 눈빛이 형형했던 그 어른은 연일 찾아오는 손님과 글 배우러 오는 후학들 때문에 한 시도 서당을 비우시지 않았습니다. 한 번 정좌하고 앉으시면 종일 묻는 말에 답하시면서 조금도 자세를 흐트리지 않으셨지요. 글은 언제 읽고 지으시는지 아무도 몰랐습니다. 주로 밤을 이용하신 것 같아요." 晦峰이 남달리 만년에까지 정력적으로 학문에 대한 토론과 공부에 심취했던 것을 이렇게 전해 준 河옹은 晦峰이 부자라고는 할 수 없었지만 끼니를 안 건널 정도의 땅을 갖고 있었기 때문에 학문에만 열중할 수 있었던 것 같다고 전하기도 했다.

河옹의 안내로 찾아간 德谷마을의 書堂은 말끔히 수리되어 있다. 4간 건물인 이 德谷書堂 현판은 白凡 金九의 글씨이고 대청벽에는 중국인 吳건이 썼다는 龜岡精舍란 현판과 晦峰의 문인인 李鉉德이 쓴 '德谷書堂記'가 나란히 내걸려 이 서당의 내력을 알려 주고 있다.

晦峰이 쓰던 방의 벽장 속에는 그가 읽던 책들과 받는 편지들의 일부, 그리고 영정 대신 만년에 찍은 사진이 보관되어 있고 방바닥에는 대나무 껍질을 엮어 만든 돗자리가 아직 그대로 깔려 있다.

德谷書堂

晦峰의　墓所

書堂 바로 왼편에 담장을 사이에 두고 옛 龜岡精舍자리에서 61년 이장한 晦峰의 널찍한 묘소가 자리 잡고 있다. 선비의 묘에 걸맞지 않게 호석은 물론 석등·석신·비석까지 고루 갖춘 이런 묘소가 과연 晦峰의 뜻에 맞는 것인가는 생각해 볼 일이지만 그를 추모하는 후손과 문인들의 정성을 읽을 수 있게 한다.

"朱子·退溪·栗谷·俛宇선생도 성리설을 가지고 옥신각신했습니다. 主理說이니 主氣說이니 하는 것 말입니다. 그러나 이 어른은 理고 氣고 모두 心에서 나오는 것이라고 하셨어요. 心이 모든 것의 母體라고 보신 것이지요. 학파로 따지면 이 어른을 '寒洲의 증손'이라고 합니다. 俛宇는 寒洲의 수제자이고 이 어른은 俛宇의 수제자이니까 그렇게들 말하는 것입니다."

河옹의 말처럼 晦峰은 평생 俛宇를 스승으로 받들었다. 그러나 그의 年譜를 자세히 살펴보면 晦峰이 居昌 茶田에서 강학하고 있던 俛宇를 처음 찾은 것은 그가 27세 때인 1896년으로 그때 이미 晦峰은 학문적으로 성숙해 있었던 것으로 보인다.

韓日合邦이 되자 晦峰은 문을 닫아걸고 상심하다가 44세 때인 1913년 鄭麟錫 趙顯珪와 함께 훌쩍 조국을 떠나 中國 安東에까지 갔다가 병중에 있는 老母를 못 잊어 되돌아오기도 했다.

1917년 龜岡精舍를 짓고 들어앉아 「安義士傳」, 「神州光復誌」, 「露梁忠烈祠記」, 「名將列傳」, 「勇將列傳」을 쓰면서 나름대로 항일의지를 불태우던 晦峰은 1919년 '巴里長書'에 서명했다 하여 검거됐다 풀려났고 1926년에는 '제2차 儒林團사건'에 연루되어 8개월 동안이나 達城 감옥에서 옥살이를 하기도 했다.

1938년 69세의 노구를 이끌고 京城도서관에까지 올라가 자료를 수집해 5년만인 1943년 74세 때 완성한 「東儒學案」은 한국 최초의 한국철학사로 晦峰이 필사의 노력을 기울인 역저였다.

"이제는 늙었으니 죽어도 할 수 없지만 꼭 3가지 한이 있다. 첫째는 孔·孟·程·朱가 태어난 땅을 밟아 보지 못한 것이고, 둘째는 心은 유학의 宗旨인데 이것을 정리해 眞智를 밝히려 했으나 아직 못 이룬 것이며, 셋째는 일본의 노예가 된 지 30여 년이 지났는데도 아직 나라는 광복을 보지 못하고 죽는 것이다."

1943년 그가 중병에 걸려 사경을 헤맬 때 털어놨다는 이 3가지 恨은 晦峰이 살아 온 생의 목표를 뚜렷하게 나타내 주고 있다.

"하늘이 도와 적국이 물러갔지만 인심이 일치하지 않고 당파만 생겨 하루도 안정될 날이 없다. 임진왜란 때 義州에까지 피난 가서도 東西로 갈려 당쟁을 일삼아 일을 그르쳤던 것은 천고의 수치인데 그 때는 당이 2개뿐이었는데도 그러하였거늘 수십 개의 당이 난립해 있는 오늘의 현실은 한심스럽기만 하다."

해방이 된 뒤 수십 개의 정당이 난립, 나라 안이 소란스러워지자 이렇게 걱정하면서 晦峰은 선비가 지켜야 할 3가지 도리를 후학들에게 유언으로 남기고 1946년 7월 숨을 거두었다. "마음은 항상 두려워하여 삼가고(心要畏愼), 행동은 중정해야 하며(行要中正), 문장은 精明해야 한다(文要精明)."

저녁놀이 마지막 빛을 뿌리며 士谷의 西山을 곱게 물들여 가고 있다. 어둑어둑한 德谷書堂 마루에 걸터앉아 갈피를 잡지 못해 허둥대기만 했던 우리의 과거를 되돌아보며 晦峰의 말을 다시 음미해 본다.

"예의가 우리나라 국성이라면 기술과 勢利와 무력을 가지고 있는 서양과는 대적이 되지 않을 것이다. 그러나 대적이 안 되기 때문에 예의는 더욱 닦지 않으면 안 된다. 예의는 우리가 그들보다 능한 것이기 때문이다. 우리가 능한 것을 닦지 않는다면 그것은 마치 코끼리가 호랑이같이 못 된 것을 부끄럽게 여겨 자기 이빨을 뽑는 것과 같고, 봉황새가 독수리같이 못된 것을 두려워해 자기 깃을 뽑아 버리는 것과도 같은 것이다.

이것은 이른바 자신을 모욕하고 파괴하는 것이니 스스로 모욕하면 자신을 모욕하는 자가 곧 나타나고 파괴하는 자가 곧 모여들게 마련이다. 남의 언어·의복·기물을 본받고 사모해서 저들과 똑같이 되지 않을까가 두려워 남들에게는 이것이 문명된 것이다 하니 문명이 이와 같은 것이라면 반드시 본성을 잃고 난 뒤에야 문명할 수 있을 테니 정말 부끄러운 노릇이다. 이러고서도 어찌 가신과 나라가 망하지 않을 것을 기대할 것이냐."

省窩 李 寅 梓

年譜

1870년(高宗 7)＝11월 19일 高靈 館洞(현 慶北 高靈군 高靈면 本
館 1동)에서 星山李氏 鍾發의 아들로 출생.

1889년(20세)＝형 李寅枸와 함께 居昌 茶田에 은거하던 俛宇 郭鍾
錫 師事.

1905년(36세)＝韓溪 李承熙가 滿州로 망명하는 데 동행하려다
이루지 못함. 高靈郡守 朴光烈의 추천으로 參事官에 천거되
었으나 사퇴함.

1909년(40세)＝高靈郡自治民議會長이 됨.

1910년(41세)＝晚霞洞에 霞山精舍를 짓고 인근 마을의 후진을 가
르치면서 은거.

1912년(43세)＝「古代希臘哲學攷辨」을 저술.

1919년(50세)＝스승 俛宇 歿.

1925년(56세)＝黃瀑으로 紀行.

1929년(60세)＝陝川의 伽倻山 아래로 이거하려고 하다가 거처할
집이 완성되기도 전인 10월 23일 霞山精舍에서 죽음.

著書＝「泰西新編」(失傳), 「古代希臘哲學攷辨」, 「漫錄」, 「九經衍
義」

思 想

省窩 李寅梓는 俛宇 郭鍾錫의 門下에서 전통적 道學을 계승하면서도 그의 시대에 밀어닥친 新學(西洋思潮)을 적극적으로 수용함으로써 이른바 전통의 근대적 계승을 위한 구체적 방법을 진지하게 제시하였던 인물이다.

그는 寒洲와 俛宇의 학통을 이어 성리학에 있어서는 철저히 主理論을 취하고 있다. 곧 '氣의 動靜은 理의 神妙함에 말미암지만 理의 動靜은 氣에 얽매이지 않는다' 하고 '發動 그 자체는 理요, 發動으로 나타나는 것이 氣다'(發者理也, 發之者氣也)라 하여 理의 능동적 발동을 강조하였다.

또한 '理는 主宰가 되어 발동하는 것이고, 氣는 자료가 되어 발동하는 것이다'라는 언명을 통해 理가 主宰요, 氣는 자료라는 理主氣資說을 선명하게 주장하고 있다.

그는 心說에 있어서도 '心은 理氣를 合한 것이지만 氣에 卽하여 그 본체를 가리키는 것이므로 氣와 혼란되지 않는다'하여 心을 主理로 파악한다. 그리고 心과 性을 분별할 때에는 '心이 理一이 되고 性은 分殊'라 하여 性을 넘어서 心의 포괄성을 밝혔다. 이처럼 理의 主宰的 능동성을 강조하고 心을 理로 파악하는 省窩의 性理學的 입장은 추상적 관념론에 빠지지 않고 인간존재의 주체적 자율성을 확립하려는 철학적 요구의 표현이라 할 수 있다.

따라서 省窩는 理氣說의 논란에만 몰두하고 治國 平天下의 문제에 관한 토론이 빈약한 종래의 학통을 비판하면서, 당시 東西洋의 교류에 따라 소개된 憲法제도에 관심을 보인다. 곧 "憲法이란 人心이 함께하는 데서 나오는 것이요, 인심이 함께하는 것은 바로 天理의 公共한 것이다"라 하여 憲法의 제도가 天理의 구현임을 제시하였다.

그는 性理學의 理一分殊說을 憲政질서와 상응시켜서 현실 제도적 응용이론을 전개하고 있다.

理의 統一性(理一)과 다양성(分殊)은 본래 서로 함유하고 있는 관계이다. 여기서 통치자는 一本(理一)이요, 백성은 分殊에 해당시킬 수 있다는 것이다. 이때 통치자와 백성 사이에 서로 교통이 이루어지면 一本이 分殊를 함유하는 올바른 관계를 맺는 것이지만, 통치자와 백성 사이가 단절되어 막히면 分殊가 一本을 이탈하게 되므로 정치가 혼란에 빠지게 된다고 설명한다. 그는 유교의 정치원리에도 萬民에게 國事를 묻는 방법이 있지만 代議士(議會) 제도가 없어서 독만에 빠지거나 言路가 쉽사리 막히게 됨을 지적하였다.

또한 君臣上下 사이에 직분에 따른 權利를 서로 침해하는데서 정치가 혼란해진다는 사실을 중요시한다.

곧 憲法은 국법의 으뜸으로 권리의 경계를 정하는 것이라 규정하고 있다. 나아가 그 자신 전통의 鄕約제도를 개선하여 郡自治民議會를 구성하고 6條의 규칙강령을 정함으로써 憲法원리의 현실적 적용을 시도해 보기도 하였던 것이다.

省窩는 그 자신 도학자이지만 당시에 양극화된 守舊派의 義理論과 開化派의 變法論이 지닌 한계와 문제점들을 예리하게 비판함으로써 현실적 객관성과 진취적 안목을 보여 주고 있다.

'新學을 따르는 자(趨新者)는 다만 피상적인 것을 꾸미는 데 힘쓰고 舊法을 지키는 자(守舊者)는 단지 陳腐한 것을 고수한다'고 비판하였다. 그는 道란 변하지 않는 것이나 기술과 제도는 시대에 따라 변하는 것이라는 이해 위에서 이념적 통일성이 있는 主義를 확립하면 옛복장을 하더라도 스스로 새로와지는 데 방해될 것이 없지만 주의가 없다면 털모자에 양복을 입어도 진부함을 면할 수 없다고 지적하였다. 그것은 합리적 근거나 신념이 없이 외형적 형식을 모방하거나 고수하는 태도를 반성하는 것이다.

그는 新學은 실용의 정밀함이 있지만 그 본령은 공리적인 것이라 파악하고 실용적 기술이나 제도를 버려두고 외형적 모방에 빠진 당시의 개화방법을 잘못된 변화(不善變)라 규정하였다. 따라서 그는 당면의 중대사를 保國·保種·保敎라 지적하고 나라를 보존하는 길은 서양제도의 외형을 답습할 것이 아니라 국민의 재주를 다하고 마음을 합하여 民權을 존중하고 公擧(選擧)를 시행하는 것을 개화의 要務로 삼아야 함을 강조하고 있다. 또한 그는 「九經衍義」를 통해 「中庸」에서 제시한 정치원리의 9조목을 당시의 세계질서 속에서 재해석하여 유교 정치원리의 근대적 의미를 제시하였다.

省窩의 독특하고 중요한 저술은 「古代希臘哲學攷辨」이다. 이 저술은 우리나라의 道學者로서 서양철학을 처음 체계적으로 논변한 것이라는 점도 중요하지만 성리학의 입장에서 서양 철학사를 일관성 있게 이해하고 평가하였다는 점에서 현재에 이르기까지 더욱 큰 의미를 던져 주고 있다.

그는 탈레스에서부터 희랍 고대철학사의 학설을 발췌 인용하여 소개하면서 이에 비판을 가했다.

특히 소크라테스, 플라톤, 아리스토텔레스의 학설을 상세하게 검토하고 그 중에 아리스토텔레스를 가장 높이 평가하면서 유학과의 접근성을 지적하고 있다. 그는 宗敎를 미신으로 보아 철학의 우월함을 강조하는 입장이며, 서양문명 전반이 서양철학에 근거하고 있음을 깊이 간과하고 있음을 보여 준다.

行蹟

西洋의 문화가 어떤 것인지도 모르면서 하이칼라 머리에 양복을 차려 입고 開化杖을 휘두르고 다니기만 하면 선각자처럼 대접을 받던 시절이 있었다. 1900년대 초가 그 시기에 해당된다. 그 무렵 慶北 高靈 伽倻山 아래 작은 서실에서는 중년의 서당훈장이 아리스토텔레스의 철학사상을 골똘히 연구하고 있었다.

省窩 李寅梓(1870~1929).

그는 서양문화의 본질을 알아보려는 학문적 열의를 가졌으나 끝까지 유학적 신념을 버리지 않았던 사람으로 서양 철학 사상을 연구, 그것을 비판하는 저서까지 낸 한국의 희랍철학 연구의 선구적 개척자였다. 특히 그는 서양의 정치·법률 등을 면밀히 연구검토,

국가의 憲法과 지방자치제 등 民權을 존중하는 제도를 성리학의 이론에서 도출해 내려는 노력을 보인 선각적 사상을 지녔던 인물이다.

慶北 高靈군 高靈면 本館 1동―. 高靈읍내에서 서북쪽으로 1km쯤 가다가 星州로 뚫린 국도변에서 伽倻山 가는 길로 접어들어 다시 1km쯤 더 들어가 있는 이 마을이 省窩가 태어난 곳이다. 60여 호는 되어 보이는 농가들이 넓은 들녘을 마주보고 나지막한 구릉 아래 모여 있다. 보리갈이 때문에 안노인들만 남아 집을 지키고 있는 마을집들을 일일이 뒤진 끝에 겨우 省窩의 먼 친척으로 省窩를 기억하고 있는 李俊桓옹(70)을 만나 省窩에 대한 이야기를 들을 수 있었다.

"오태할배는 이곳에서 나신 큰 학자이지만 지금 이 마을에는 친손이 살고 있지 않아요. 그 어른의 큰아드님은 그 어른이 돌아가신 뒤 약한 몸으로 상사를 치르고 나서 병을 얻어 뒤이어 돌아갔고, 둘째 아들은 滿洲로 가서 살다가 돌아오지 않았으니 소식을 알 수 없고요. 큰아들의 유일한 소생인 손자 倬이 서울에 살고 있었는데 역시 요즘에 소식이 끊어져 버렸어요."

省窩는 이 마을에서 오태할배라고 해야 통한다. 省窩의 부인인 張씨가 漆谷군 北三면 吳大마을에서 이곳으로 시집을 왔기 때문에 붙여진 이름이란다. 星山 李씨들이 모여 사는 마을이라서 모두 省窩와는 인척관계일 텐데도 이름을 대니 몰랐던 이유를 이제야 알 수 있을 것 같다.

省窩의 유족이 살고 있지는 않지만 李옹의 집 왼편에는 아직 그가 태어난 집이 넓은 터 위에 본채만 덩그라니 남았다. 또 省窩의 큰댁이 살던 집도 남아 있다.

省窩는 이곳에서 선비였던 아버지 李鍾發과 어머니 碧珍 李씨 사이에서 태어났다. 어려서부터 총명했던 그는 소년 시절에 재종질인 李斗勳에게 배우다가 20세 때인 1889년 형인 李寅枃와 함께 居昌 茶田에 은거하고 있던 俛宇 郭鍾錫에게 가서 俛宇와 師弟간의 첫 인연을 맺었다.

1895년 이후 사변이 연달아 일어나자 그는 乃谷의 薪山(헌 高靈면 內上동)으로 이거, 10여 년 동안 학문에만 전념했다. 乙巳保護條

約이 맺어지자 省窩는 韓溪 李承熙와 함께 滿洲로 망명하려 했으나 어떤 이유 때문이었는지 李承熙만 떠나고 그는 주저앉고 말았다.

뒤이어 1910년 韓日合邦이 되면서 省窩는 本館동에서도 6km나 伽倻山 쪽으로 더 들어 가 있는 晩霞洞(現·高靈면 盤城 1동)으로 들어가 霞山精舍를 짓고 인근마을의 후학들을 가르치면서 은거해 버렸다.

지금 晩霞洞 옛 霞山精舍 자리에는 어릴 때 省窩에게서 글을 배웠다는 鄭淳權옹(69)이 땅을 사들여 말끔히 새로 집을 지어 놓고 省窩를 기념이라도 하려는 듯 '霞山書室'이란 현판을 걸어 놓고 있다. 원래의 霞山精舍 건물은 마을 제일 위쪽에 뜯어 옮겨져 지금은 병든 노파 한 사람이 살고 있는데 금새라도 무너질 듯한 오른쪽 벽과 기둥을 여러 개의 통나무로 받쳐 놓았다.

> "곳곳마다 향등이요, 사람마다 불공이네
> 집집마다 악기소리 귀신에게 복을 비니
> 두어 간 되는 공부자의 사당에는
> 풀만 무성할 뿐 적막하게 사람도 없구나"

霞山精舍

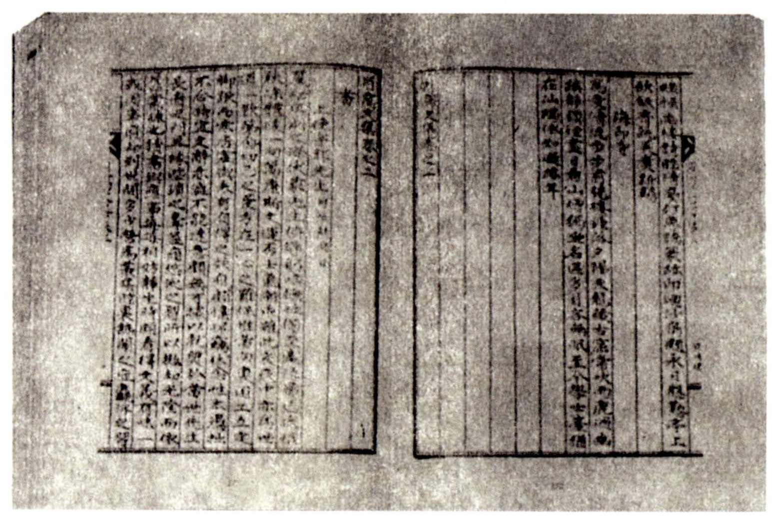

省窩集

省窩의 生家

흉가처럼 변해 겨우 지탱하고 서 있는 霞山精舍를 이리저리 돌아
보며 고려의 安珦이 중국에서 돌아와 유교의 부진함을 탄식하며 읊
었다는 시 한 수를 머리 속에 떠올려 본다. 그 시의 끝 구절이 이
처럼 절실하게 마음에 와 닿는 것은 꼭 省窩라는 한 유학자를 생각
해서만은 아니다.

  省窩는 생전에 이 지역 유림과 주민들의 지도적 인물이었다. 그는
高靈郡守 朴光烈의 천거로 韓末에 參事官에 임명되었다가 사퇴한 적

이 있고 1909년에는 高靈군의 自治民議會 회장으로 추대되기도 했다. 그가 깊이 사귄 친우도 松岡 金聲夏, 素窩 南廷燮, 立巖 南廷瑀, 深齋曺兢燮 등 모두 당시 유명한 학자들이었다.

省窩가 죽은 지 50년이 조금 지난 지금 벌써 이처럼 잊혀진 것은 그 동안 유학에 대한 우리의 관심이 어떠했는가를 단적으로 보여 주는 것이라는 생각이 머리를 스친다.

이곳 晚霞洞도 시끄러웠던지 이번에는 아주 陜川 伽倻山 밑으로 들어가 버리려고 벼르고 있던 省窩는 1929년 10월 23일 霞山精舍에서 60세를 일기로 숨을 거두었다.

"오늘날은 천고에 없었던 變局이다. 국세의 강약은 오로지 士氣의 성쇠에 있고 士氣의 성쇠는 학문의 우열에 달려 있는 것이다. …… 利用厚生에는 옛과 지금이 다른 것이 있어서 마땅히 다른 학문도 연구, 응용의 방법을 받아들여야 한다." 하늘이 재주를 내리는데 꼭 중국에만 내린 것이 아니라면 서양이라고 해서 버릴 수야 있겠느냐고 말해 서양의 학문도 연구해야 한다고 주장한 省窩는 公私立학교를 세워 德行과 技藝를 가르치고 특히 서양의 법률을 연구해야 한다고 역설했다. 省窩는 또 헌법의 제정, 代議制의 실시, 선거를 통해 民權을 중시하는 서양의 정치·법률제도를 우리나라에서도 실시할 것을 강조하면서 서양의 이 모든 것이 희랍의 철학에서 나온 것임을 지적했다. 지방자치제가 우리 재래의 鄕約의 취지와 비슷하다고 주장하기도 한 省窩는 鄕約을 기초로 '地方公益之導達', '行政方法之建議', '人民弊瘼矯捄', '敎育之普及', '權利之保護', '患難之相救' 등 6개 조목의 강령을 세우고 民議會를 만들어 그 회장으로 취임, 지역발전을 위한 노력을 기울이기도 했다. 省窩의 정치·법률·행정에 대한 연구와 관심은 결국 그를 서양 철학 사상연구에 열중하도록 했다.

중국에서 발간된 「哲學要領」, 「哲學學說」, 「哲學論綱」, 「哲學史論」을 통해 탈레스, 아낙시만드로스, 아낙시메네스, 피타고라스, 제노파네스, 파르메니데스, 제논, 소크라테스, 플라톤, 아리스토텔레스로부터 데카르트, 베이컨에 이르기까지 서양 철학 사상가들의 사상을 섭렵했다. 그는 이 가운데서 특히 소크라테스와 아리스토텔레스의 사상에 대해 큰 공감을 얻었던 것으로 보인다. 省窩는 이들의 사상을 연구한 뒤 일일이 비판까지 곁들여 1912년 「古代希臘哲學攷辨」을 저술했다. 이 책에서 그는 희랍철학이 天理人論에 근본을 두지 않고 물결의 변화와 功理의 私慾만 추구하여 아무리 자연과학이 발달한다 하더라도 궁극적으로는 헛수고임을 예리하게 간파, 비판하고 있다.

서양학문을 연구하면서도 의연한 유림의 자세를 잃지 않고 받아들일 것은 받아들이면서도 배척할 것은 예리하게 비판하는 융통성을 보이고 있는 것이 省窩의 특성이기도 하다. 省窩는 서양의 문물이 홍수처럼 밀려드는 사회 속에 살면서도 끊임없는 연구를 통해 자신의 사상체계를 확립시켜 대처할 줄 알았던 보기 드문 인물이었다.

"학계라는 것은 실로 세상의 성과 쇠의 전환점이 되는 것이다. 새것이나 옛것이나 그것에서 실질적인 것을 얻지 못한다면 상자만 사고 그 속의 진주는 잃어버린 것과 같다. 무릇 학문에는 학파가 많은 것을 걱정할 것은 없고 主義가 없는 것을 걱정해야 한다. 학파가 많은 것은 서로 경쟁해서 진보하는 결과를 가져올 수 있지만 主義가 없으면 산만해지고 퇴화하는 데 돌아가고 말 것이다.

오늘날의 모든 시설·조치들이 외국의 피상적인 것만을 답습해서 실용의 정밀한 것을 놓치고 마니 이것은 잘못 변하는 것이다. 그렇다면 우리들은 마땅히 우리가 평소에 가르침 받은 것을 기본으로 하고 유교의 경전과 역사를 강구해서 옛 발자취를 잃지 않아야 한다."

省窩의 이같이 정연한 논리 속에는 그때 이미 그가 오늘날의 현실을 예견할 수 있는 통찰력을 가지고 있었다는 것을 보여 주고 있다.

重齋　金榥

年譜

字 而晦, 號 重齋, 貫 義城, 父 金克永, 母 青松沈氏, 配 宜寧
南氏.
1896년(高宗元年)＝5월 26일 宜寧군 宮柳면 漁村리 (현 慶南
宜寧군 宮柳면 雲溪리)에서 출생.
1909년(14세)＝宜寧南氏와 결혼.
1910년(15세)＝山淸 晩巖리(현 慶南 山淸군 車黃면 上法리)로.
이거.
1912년(17세)＝俛宇 郭鍾錫을 스승으로 모심.
1919년(24세)＝俛宇의 명을 받아 高宗因山참석. 巴里長書계획
비밀연락. 心山 金昌淑 上海파견 뒤 사건(제1차儒林團事件)
이 탄로나 2개월 獄苦. 스승俛宇의 喪을 당함.
1926년(31세)＝金昌淑의 독립자금모집에 적극협력, 비밀모금연
락활동 전개. 金昌淑 출국 뒤 羅錫疇의 東拓投爆사건이 발발,
모금활동이 탄로나(제 2차 유림단사건) 9개월 동안 獄苦.
1928년(33세)＝內塘(현 慶南 山淸군 新等면 坪地리 勿山부락)
으로 이거, 講學을 시작.
1941년(46세)＝父喪.
1947년(52세)＝母喪.
1978년(83세)＝12월 14일 內塘에서 세상을 떠남.

重齋 金榥의 晚年의 모습

思 想

  重齋 金榥은 17세(1912)부터 24세(1919)까지 당시 寒洲학파의 嶺南道學을 대표하던 俛宇(郭鍾錫)에게서 修學하였다. 이때 그는 "우리 말인 國文을 쓸 것이지 남의 말인 漢文을 쓰는 것은 옳지 않다"라거나 "세상이 변했으니 聖賢의 글을 읽고 있는 것은 오늘날에 가장 중요한 일이 못된다"라는 그무렵 팽배하던 開化풍조의 견해를 스승 俛宇에게 따져물은 다짐위에 전통의 道學을 선택했고 확고하게 지켰다.

  重齋는 俛宇문하에서 「近思錄」을 배우자 「近思錄箚記」를 지었고, 大學講義」 「小學發問條對」, 「西銘來歷考」등 배운 것을 깨닫는 데까지 심화시켜 저술로 남겨준다. 그의 학문적 관심은 東西와 古今의 다양한 인물과 문제점에 걸쳐 광범하고 섬세하게 섭렵하는 것이요, 자신의 입장은 寒洲학파의 心卽理說을 기반으로 하는 道學을 정립하는 것이다.

  그는 退溪와 南冥의 문인이었던 東岡(金宇顒)의 후손으로서 南冥(曺植)에 깊은 관심을 가졌다. 南冥의 「神明舍圖」에 대해 許愈, 宋鎬坤, 崔淑民, 鄭載圭의 논의를 검토하면서 深齋(曺兢燮)가 「神明舍圖五字辨」을 통해 "임금은 社稷을 지키다 죽는다"(國君死社稷)는 구절이 적합하지 않음을 주장한 데 반하여 重齋는 이 구절의 의리론적 중요성을 적극적으로 재확인하였다. 心은 神明의 집이요, 天君이라는 개념규정에서 보면 南冥의 「神明舍圖」나 東岡의 「天君傳」은 心의 主宰性을 밝히려는 것임을 알 수 있다. 그는 「謹書天君傳後」에서 退溪를 우리나라 心性說(東方心學)의 宗匠으로 삼으면서 心개념의 세 입장이 退溪로부터 나뉘어지는 것으로 보아 退溪이후 조선조 성리학의 계보를 분석하여 「東儒心學略圖」를 제시한다.

  退溪의 心說은 ① 主理 ② 合理氣 ③ 主氣의 3계열이 있다하고, 여기서 ① 主理論은 東岡이 계승하여 寒洲에로 이어진 것으로 보며 ② 合理氣論은 鶴峯(金誠一)이 계승하여 定齋(柳致明)로 이어지는 것으로 보며 ③ 主氣論은 栗谷이 계승하여 艮齋(田愚)에게로 이어진 것으로 본다. 그는 心說을 중심으로 독특한 性理學系譜圖를 만든 것이요 退溪→東岡→寒洲의 계보에 자신의 위치를 설정하고 있는 것이다.

心卽理說 내지 心主理說의 학통을 지기면서 그는 「攷定齋明德說」을 지어 定齋의 「讀書瑣語」에서는 明德개념이 心合理氣論이 아니라 心의 본체라 보아 主理論임을 밝힘으로써 定齋까지 主理論의 입장에 끌어 들이고 있다. 그는 心卽氣說을 옹호하여 寒洲와 俛宇 등을 비판한 艮齋를 조목별로 정밀하게 재반박하는 「寒洲心卽理說艮齋條辨辨」, 「田艮齋書瑣辨」을 지었고, 心의 主理·主氣에 따른 인식을 탈피하려는 深齋의 입장에 대해서도 「心問段辨」, 「書曺深齋讀心卽理說後」를 지어 반박, 변론하였다.

이러한 성리학적 논변에서 보인 重齋의 입장은 心卽理說의 개념적 분석과 논증에 따른 논리적 치밀성에서 중요한 업적을 남겨준다. 동시에 그는 물질적 내지 실리적 가치가 道學의 가치규범을 여지없이 붕괴시키는 시대에 살면서 心이 功利에 迷惑하여, 心의 本體가 지닌 근원성을 확인하지 못하는데서 오는 義理의 상실을 경고하며 도덕적 주체의 자각을 정립하려고 추구하였던 점에서 그의 心卽理說이 중요한 의미를 갖는다.

重齋는 道學의 정통성에 대한 확신을 통하여 司馬遷도 戰國시대 선비의 무리요 聖賢의 道를 듣지 못하였다고 비판한다. 黃宗義에게도 「明儒學案」에서 陽明學에 기울어진 오류를 지적하며 毛奇齡의 「四書改錯」도 朱子說과 어긋남을 비판하였다. 중국의 民國初까지 朱子學의 정통성을 지킨 夏震武와 교류를 갖지만, 變法論者인 康有爲에 대해서는 「禮運論」, 「春秋論」, 「續辨康氏春秋考」를 지어 大同說이나 公羊學의 春秋三世說을 비난하고 있다.

그는 日本人 加藤能一의 「人心」에 논평하면서 관심을 보였고, 「哲學撮要」를 통해 서양 古代哲學史를 이해하고 논평한 「哲學撮要因書其後」(1967)는 李寅梓의 「古代希臘哲學攷辨」과 더불어 道學者의 서양철학사에 대한 이해내용을 보여준다. 여기서 그는 聖學(儒學)과 哲學이 明哲함을 취하는 데는 공통되지만, 聖學은 人道의 실현을 추구하고 哲學은 명석함을 위주로 하고 있기 때문에 서로 구별됨을 지적하고 당시에 儒學을 哲學에 병칭하려는 태도는 儒學을 墨學에 붙이는 격이라 우려하였다.

重齋는 經學에 깊은 연마를 하여 「周易小箚」를 비롯하여 尙書·詩經·春秋·周禮·儀禮·禮記·論語·孟子·大學·中庸·小學·近,思錄·心經을 주석하여 「瑣記」로 묶었고, 「十三經箚錄」도 남기고 있으며 「孝經章句」를 저술하여 孝經의 註釋체계를 확립하였다. 그의 經學은 가장 함축적으로 집약되어 「經學十圖」로 체계화되었다. 「經學十圖」는 ① 周易圖 ② 書圖 ③ 詩圖 ④ 春秋圖 ⑤ 禮圖 ⑥ 論語圖 (7) 孟子圖 ⑧ 中庸圖 ⑨大學圖 ⑩ 小學圖로 구성되었으며, 退溪의 「聖學十圖」에 상응시켜 보면 經學의 체계구조에 많은 문제를 내포한 중요한 저술이다.

그는 禮學에서도 「四禮受用」을 비롯하여 「投壺儀」에서부터 冠婚喪祭와 「書院享禮儀汪」에 이르기까지 섬세하게 논의하였고 史學에서는 「東史略」, 「歷年圖捷錄」, 「獨立提綱」, 「寰瀛對照」 등의 저술과 「看梅泉野錄」에서 野史에 대한 논평까지 보여준다.

重齋의 학문적 과제는 寒洲·俛宇의 학통을 지키면서 한국사회가 겪는 20세기의 사상사적 급류 속에서 道學正統을 돌기둥처럼 세우고 지키는 中流砥柱의 역할을 하는 것이라 하겠다. 儒林團사건에서 부인 민족정신의 義氣와 타협이나 좌절을 모르는 貞固함은 한국유학이 지금 새로운 봄에 심어야할 씨앗의 한 모습일 것이다.

行蹟

"窮猶可勉聖賢事 老豈遽忘鉛槧勞"(곤궁하더라도 오히려 성현의 일에 힘써야할 것인데 늙었다해서 어찌 공부하는 노력을 게을리 하겠느냐)

宋나라 放翁(陸遊)의 글귀를 따다가 써 붙여 놓고 83세의 고령으로 세상을 떠나기 사흘 전까지 붓을 놓지 않았던 重齋 金榥(1896~1978)은 死後 그에게 붙여진 '朝鮮朝의 마지막 儒宗'이라는 世人들의 존경어린 호칭이 조금도 과장이 아닌 전통도학자였다.

重齋는 20세기의 사상적 急流속에 살면서도 큰 바위처럼 의연하게 道學의 정통을 지켜왔다. 그리고 道學의 참모습을 몸소 우리들에게 보여주고 방대한 저술을 남겨 길이 기억하도록 해준 인물이다. 그가 걸어온 길은 참기 어려울 정도로 외로운 길이었다. 그러나 그를 채찍질한 것은 '언젠가는 泰西(서양)에서도 한번 유학이 일어날 것'이라는 유학에 대한 확고한 신념이었다.

重齋는 宣祖朝의 名臣이며 南冥 曹植의 門人이기도 했던 東岡 金宇顒의 후손으로 태어났다. 남다른 재질을 타고난 그는 5세 때부터 글을 배우기 시작, 어려서부터 이미 神童으로 알려졌다.

종이가 귀했던 때라 감나무의 낙엽을 긁어모아 잎사귀마다 빽빽이 글씨를 연습했다는 이야기는 후일 그의 학문적 성취가 꼭 뛰어난 재질만으로 이루어진 것이 아니라는 것을 알려주고 있다.

重齋는 15세 되던 해인 1910년 나라가 망하는 비운을 맞았다.

陶山書院長을 지낸 그의 부친 梅西 金克永은 이때부터 세상을 등지고 山淸 黃梅山아래 聖智谷 晩巖리라는 깊은 산골로 집을 옮겨 두 아들과 함께 글읽기에만 전념했다.

외딴 산골에서 부친을 모시고 형과 함께 독서로 실력을 쌓은 重齋가 寒洲학파의 巨木인 俛宇 郭鍾錫을 스승으로 삼게 된 것은 그가 17세 때인 1912년부터였다. 이때 重齋는 그 무렵 유행처럼 세간을 휩쓸고 있던 전통도학에 대한 開化派들의 비난을 일일이 스승에게 따져물어 그 비난들이 옳지 않다는 것을 확인한 뒤에야 도학을 공부하기로 마음먹었다고 전한다. 자신의 갈길을 스스로 선택한 셈이다.

약관이긴 했지만 스승인 俛宇의 지극한 사랑을 받아가면서 학문에 정진하던 重齋는 俛門에 들어와 8년째 되던 해에 '巴里長書事件'(제1차 유림단사건)으로 2개월 동안 옥살이를 겪어야 했다. 그가 24세 때인 1919년의 일이다. 重齋가 직접 長書에 서명한 것은 아니지만 居昌 三嘉 山淸 河東 등지의 유림을 순방하면서 조선독립을 청원하는 長書의 취지를 설명하고 署名을 받는데 앞장섰던 것이 뒤에 日帝에 의해 발각되었기 때문이다.

重齋가 이 '巴里長書事件'에 더 깊숙이 관여했다는 설도 있다. 즉

俛宇의 지시에 따라 晦堂 張錫英과는 별도로 重齋도 長書草本을 작성
했고 실제로 巴里에 보낸 長書는 重齋가 작성한 초본을 俛宇가 일부
수정한 것이라는 주장이다.(許善道, 「3·1運動과 儒敎界」, 3·1운동
기념논총·東亞日報刊·1961)

50년 동안 1천여명의 門徒들이 거쳐간 重齋의 書室 內堂書舍
(慶南 山淸郡 新等面 坪地里 勿山마을)

內塘書舍에 남아있는 藏書

‘巴里長書事件’의 주모자로 투옥되었던 스승 俛宇가 옥중에서 병을
얻어 병보석으로 향리에 돌아와 결국 세상을 떠난 뒤 重齋는 뒤이어
31세 때인 1926년 또 한번 9개월 동안 獄苦를 치른다.

제2차 유림단 사건으로 불리는 이 사건은 俛宇의 문집을 간행하기
위해 동분서주하던 重齋가 刊所의 유림조직을 통해 心山 金昌淑의
비밀연락을 주선하고 적극적으로 독립자금 모금운동을 벌인 것이 羅
錫疇의 東拓投爆 사건으로 백일하에 드러난 것이다.

儒林團 사건으로 두 차례나 옥고를 치러야했던 重齋는 33세 때인
1928년, 18년 동안 살던 晩巖을 떠나 山淸군 新等면 坪地里 勿山마
을(속칭 땅골)로 집을 옮기고 內塘書舍를 지어 講學에만 전념하기
시작했다.

重齋가 세상을 떠나기 직전까지 줄곧 강학하던 內塘書舍는 한가한
날이 없었다. 日帝末에는 한꺼번에 40~50명의 생도들이 거주하면
서 重齋의 학문을 배웠다. 광복 뒤에도 방학때면 수많은 교수와 학
생들이 몰려들었다. 內塘書舍가 “전국유림의 중심 같았다”는 문인들

의 표현은 후학들의 발길이 끊이지 않고 늘 법석거렸던 그의 생존시의 상황을 설명해주는 것이리라.

重齋는 日帝末 '創氏令'이 내려지자 이를 단호히 거부했다. 子女3남매도 학교에 보내지 않다가 광복된 후에야 마지못해 보냈다. 두 아들의 斷髮은 눈감았으나 자신은 끝내 保髮하여 도학자의 모습을 끝까지 지켰다. 초하루 보름이면 어김없이 선친의 산소를 찾았다. 만년에는 업혀서라도 꼭 다녀왔다.

"손님을 접대하는 때를 제외하고는 항시 글을 쓰시거나 책을 보시거나 하셨지요. 저녁에도 잠이 안 오면 늘 經을 외셨읍니다. 평생 일기를 쓰셨는데 돌아가시기 사흘 전까지 쓰셨어요. 무슨 말이든 한번 들으면 잊지 않으셨고 30년 전에 한번 본 사람도 용케 기억해 내시는 비상한 기억력을 갖고 계셨습니다."

큰아들 金昌鎬씨(65·內塘書舍 거주)의 말처럼 촌각의 시간도 허비하지 않으려 했던 重齋는 포용력·지도력이 뛰어나 50년 동안 줄잡아 1천여 명의 문인을 길러냈다.

광복된 뒤, 心山이 成均館大 총장이 되어 重齋를 교수로 불렀을 때도 그는 끝내 內塘書舍를 떠나지 않았다.

"부끄러워서 할 말이 별로 없소. 先師나 선배들이 하시는 일을 앉아서 볼 수만 없어서 심부름 조금한 것뿐인데……"

누가 찾아와 제1차, 2차 유림단사건 秘話라도 들으려하면 重齋는 이렇게 말끝을 흐리면서 스스로를 '先師의 가르침을 따르기만 해온 시골선비'라고 발뺌하면서 웃기만 했다.

그러나 이렇게 겸손한 重齋도 학문에 대해서만은 무서운 집념을 가지고 있었다는 것을 內塘書舍에 꽂혀있는 방대한 저술들을 보면 곧 알 수 있다.

重齋의 문집인 「益朋堂叢鈔」는 前集이 67卷 30冊 後集이 33卷 18冊으로 모두 1백卷 48冊이나 되는 방대한 분량이고 字數로 따지면 3백50만자에 이른다. 여기에 別著(附錄文字) 가운데 이미 간행된 「孝經章句」, 「四禮受用」, 「東史略」과 未刊인 「寰瀛對照」, 「獨立提綱」, 「歷代紀年」의 글자수를 문집의 글자수와 합치면 모두 4백여 만자에 육박한

다. 방대하기로 이름난 「尤菴集」이 3백 60만자, 「俛宇集」이 3백 80만
자인데 견주면 重齋는 그보다 더 많은 최대의 저술을 남긴 셈이다.

重齋의 문인들은 서울에 重齋先生文集刊行會(서울 東大門구 龍頭
동 732의 5태진빌딩)를 차려놓고 스승의 문집발간을 위한 몇 년에
걸친 교열작업을 해왔다. 문인들이 求益契를 조직, 푼푼이 모은 자
금으로 이루어지는, 스승을 위한 정성어린 사업이 마침내 결실을 거
두어 이 방대한 저술의 간행을 보았다.

重齋의 문인으로는 현재 金丙秀, 許炯, 李憲柱, 權熙哲씨 등이 한
학자로 향리에 남아 후학을 지도하고 있다. 또 在京문인으로는 許善
道(國民大·한국사), 金都鍊(國民大·한문학), 宋贊植(작고·한국
사), 李成茂(한국정신문화연구원·한국사), 柳承宙(高麗大·한국사),
潘允洪(朝鮮大·한국사), 郭穎(尙志大) 교수 등을 꼽을 수 있다.

"무릇 모르는 것을 억지로 안다고 하지 말고 자라지 않는 것을 민
망히 여겨 억지로 자라게 하려고 해서는 안 된다. 오직 당연한 것을
생각하며 분수에 맞지 않는 것을 생각하지 말라."(勿强其不知而以爲
知 無悶其不長而助之長 唯在眼前當爲豈容分外擬想)

重齋가 늘 좋아했다는 경구 한 구절을 되뇌며 內塘書舍 돌계단을
내려선다. 대부분의 한국사전공 사학자들인 重齋의 문인들 가운데
유학을 전공한 학자가 별로 눈에 띄지 않는 것이 못내 아쉽다. 重齋
의 학통을 이어갈 道學者는 이제는 없는 것일까.

제3부
四未軒淵源의 도학

四未軒　張　福　樞

年譜

1815년(純祖 15)＝11월 2일 慶尙道 龍宮縣 開岸里(현 慶北 醴泉군
　　龍宮면) 外家에서 仁同張氏 浤의 아들로 출생.

1817년(3세)＝祖父의 命으로 伯父瀗에게 入後.

1822년(7세)＝祖父인 覺軒 張儔로부터 글을 배움.

1839년(25세)＝「白警箴」을 지음.

1855년(41세)＝「訓家九箴」을 지음.

1857년(43세)＝「四書啓蒙」(6卷)을 지음.

1859년(45세)＝자신의 居室을 四未軒이라 이름 지음.

1864년(50세)＝「夙興夜寐箴集說」을 지음.

1866년(52세)＝「家禮補疑」(12卷)를 지음.

1871년(57세)＝愚山書院(愚伏 鄭經世 主享) 復設을 상소키 위해
　　上京.

1881년(67세)＝經學으로 천거되어 繕工監假監役·掌苑署別提·慶
　　尙道都事 등에 제수되었으나 나아가지 않음.

1884년(70세)＝衣制改革에 관한 疏를 올림.

1890년(76세)＝강학소인 求是齋(甪里書堂) 낙성.

1891년(77세)＝「童蒙訓」(20條) 지음.

1894년(80세)＝通政大夫에 陞拜되고 折衝將軍龍驤衛副護軍에 제수
　　되었으나 나아가지 않음.

1897년(83세)＝嘉善大夫에 陞拜되었으나 받지 않음.
1900년(86세)＝4월 8일 죽음.

思 想

　　四未軒 張福樞는 仁祖 때의 碩儒인 旅軒 張顯光의 8代孫으로 家學淵源이 있으며 그 자신 獨學으로 韓末의 嶺南유학에서 一家를 이루었다. 그는 24세 때 寒洲 李震相의 마을에 있는 感應庵에서 寒洲 및 柳下 鄭三錫 등과 독서강론 하면서 학문을 연마하였고, 64세 때 神光寺에서 「中庸」을 강학할 때도 寒洲를 비롯하여 金鎭祐, 郭鍾錫, 李種杞, 許薰, 李承熙 등이 모였다. 이처럼 四未軒은 학문적으로나 인간적 친교에서 寒洲연원과 깊이 교류해 왔던 것이 사실이다.

　　그러나 性理說의 입장에서 그는 기본적으로 寒洲의 心卽理說에 의한 새로운 해석에 입장을 달리하고 大山 李象靖, 定齋 柳致明, 西山 金興洛으로 이어왔던 退溪학파의 정통적 입장에 훨씬 접근된 위치를 보여 주고 있다.

　　그는 寒洲에 대답하는 편지에서도 "學問은 眞知實踐을 귀하게 여기어 자신을 성취하고 사물을 성취시키는 것인데, 실행하지 않는 빈말(空言)은 身心에 무슨 이익이 있겠는가"라고 강조한 것처럼 이론에 천착하기보다는 이론과 실천의 일치에 학문적 관심을 집중하고 있는 것으로 보인다. 따라서 그는 성리설의 토론에서도 개념의 형식적 정의를 벗어나 상황의 다양성을 고려하고 있으며, 여기에 상반된 命題들의 조화와 통합가능성이 열리게 된다.

　　곧 勿川 金鎭祐가 氣質之性은 발동한 다음(已發上)에 지적한 명칭이라 한 데 대하여 발동하기 전에도 氣質이 부여되어 있음을 논증하고, 膠宇 尹胄夏가 理를 體로, 氣를 用으로 배당시키고 있는 데 대하여 理와 氣에 각각 體와 用이 분석될 수 있음을 해명하였다. 또한 心이 理와 氣를 겸하고 있다는 입장에서 佛敎에서는 心과 理를 二元

化시킨다고 비판하면서 동시에 心과 理를 일관시키지만 氣를 배제한다 하여 陽明學의 心卽理說도 거부하고 있다.

四未軒은 성리학의 철학적 쟁점에서 근원적인 문제이었던 太極의 개념에 관해 宋寅懋과 토론을 전개하여 「太極圖說問答」을 남겼다. 또한 心性說의 人心道心문제와 主理主氣 문제를 종합하여 "心은 하나이지만 본체에서 理와 氣가 결합되어 있으므로 人心과 道心이라는 명칭이 분석될 수 있고, 작용에서 善과 惡이 나누어지므로 主理와 主氣의 훈계가 구분된다"고 밝혔다. 이것은 人心道心의 분별이 가능한 근거와 主理說과 主氣說이 발생하는 배경의 위치를 心의 體用的 구조 속에 정리해 주고 있는 것이다."

그가 75세 때 편찬한 「問辨至論」은 太極·理氣·心性情·道德·念慮思·知行·存養·誠敬의 性理學的 기본 문제를 58條에 걸쳐 전반적으로 정리하여 성리학 연구의 교과서적 체계화를 이루고 있다.

四未軒의 학문적 관심 속에서 經學과 禮學과 修養論의 비중은 성리학보다 더 두드러진 일면을 보여 준다. 「四書啓蒙」(大學과 論語부분은 6·25 때 소실)은 四書의 각각을 첫머리에서 전체의 大旨를 분류하고 체계화하여 圖解하였으며 전체의 체계 속에서 章句를 정밀하게 주석하였다.

「慕遠堂講義」, 「月川講義」, 「墨坊講義」, 「讀書瑣錄」도 經學에 관한 치밀한 토론을 담고 있는 것이다.

그는 「家禮補疑」(1866)를 편찬하여 朱子의 「家禮」가 常禮 중심인 것을 검토하고 儀禮의 실행과정에서 발생하는 變禮의 문제를 다양하게 고증하여 보완한 것으로 禮學上의 중요한 업적을 이루었다. 그는 또한 禮說에서 古道의 복구만 고집하는 입장이 아니라 "義理에 크게 어그러짐이 없으면 풍속을 따르고 先代의 관례를 따르는 것도 可하다"는 현실적이고 적응적인 태도를 보여 준다.

四未軒의 학문적 중심문제는 인간완성의 修養論的 문제라 할 수 있다. 그는 41세 때 「訓家九箴」을 지어 事父母, 友兄弟, 謹夫婦, 教子孫, 敬祭祀, 接賓友, 敦親戚, 勉讀書, 勸農桑의 9조목으로 가정윤리의 규법체계를 제시하였고, 「三綱錄刊補」(未刊行)를 편찬하여 도덕규범의 확립을 추구하였다. 또한 「訓蒙會要」(1876), 「童蒙訓」(1891)을 편찬한 것은 유년기의 도덕교육에 대한 관심을 보여 주는 것이다.

그리고 道學의 修養論的인 근본 규범인 敬의 문제를 중시하여 南塘 陳柏의 「夙興夜寐箴」을 退溪가 圖解하여 「聖學十圖」의 第10圖로 수록한 것에 대해 주석의 체계적 정리를 시도하여 집대성하였다. 그가 「夙興夜寐箴集說」을 이룬 것은 退溪哲學에서 敬의 문제를 확장하고 심화시키는 데 있어서나 道學의 修養論을 정밀하게 체계화하는 데 중요한 성취를 이룬 것이라 할 수 있다.

行蹟

"어려서부터 천성이 孝順하여 조금도 어버이의 뜻에 거슬리는 바 없었다. 모친의 고질병환에 3년 묵은 쑥을 구해서 뜸질로 낫게 하였고 노쇠하여 보행이 불가능하게 되자 업고 집안에 돌아다니며 景物을 보게 하고 또 가리켜서 알게 하였다."

"四代奉祀를 하는데 가세가 청빈하여 매년 봄과 여름이면 백미가 떨어지는지라 추수기에 제수용 쌀은 따로 저장하여 비록 식량이 떨어져도 奉祀에는 군색함이 없었고, 혹시 生魚를 보내 주는 이가 있으면 반드시 건어를 만들어 두었다가 제사에 쓴 뒤에 奉親에 쓰고 손님을 접대하였다."

"우애 또한 유별하였으니 아우 두 분과 더불어 밤낮으로 한 방에 거처하며 따스한 옷과 앉을 자리를 서로 사양하고 別味가 있으면 손수 먹여 주어 늙어서도 마치 어린 아이를 거두듯 하였다. 어느 해 겨울 아우와 함께 여행 중에 배(舟)를 탔는데 公이 옷끈을 끄르고 아우를 끌어안아 아우가 형의 품속에 머리를 파묻기를 어린 아이같이 하니 보는 이가 모두 감탄하였다."

韓末 嶺南 儒宗의 한 사람으로 손꼽히는 四未軒 張福樞(1815~1900)의 문집을 읽어 내려가다 보면 鄕愁처럼 밀려오는 진실된 人

間에 대한 그리움을 느끼게 된다. 유학자라면 으레 지레짐작으로 근엄하고 어딘가 차가 와야 한다고 생각하는 우리의 선입견이 무색해질 정도로 안온하고 따뜻한 그의 인간됨에 이끌려 들어가 버린다.

"옛날 성현의 가르침을 篤信하고 실천을 力行하니 세인이 추종하여 請學하는 자들이 구름같이 모여 들었다"는 기록은 자신의 德을 밝혀(明明德) 사람들을 교화시켜 간 四未軒의 스승으로서의 참된 면모를 되짚어 보게 해 준다.

四未軒의 일생을 돌아보면 전혀 기복이 없다. 그것은 그가 초야에 은거해 온 학자였기 때문이기도 하겠지만 그보다는 오히려 평생을 한눈팔지 않고 오로지 道의 실천과 학문에만 일생을 바쳐온 인물이기 때문이라는 것이 더 정확한 표현일 것 같다.

四未軒 張福樞는 仁祖 때 이름을 떨쳤던 학자인 旅軒 張顯光의 8代孫으로 태어났다. 갓 낳아서부터 骨相이 특이하고 오른손 바닥에 仁字形의 손금이 있었다는 말이 전해 오는 것은 그가 그만큼 비범했던 인물이었다는 것을 나타내 주고 있다.

7세 때 祖父인 覺軒 張儔로부터 처음 글을 배우기 시작한 四未軒은 25세 때 벌써 「自警箴」을 지어 자신을 경계했을 만큼 도학자다운 성숙을 보여 준다.

45세 때인 1859년에는 孝·敬·忠·信 4가지 덕목을 아직 실천하지 못한다는 뜻에서 거처하는 곳의 이름을 '四未軒'이라 지어 자신을 채찍질하는 징표로 삼았다. '四未'라는 말은 본래 孔子가 「中庸」에서 말하고 있는 것으로 "내가 자식에게 요구하면서도 부모를 섬기는 데는 아직 못하는 것이 있고, 내가 신하에게 요구하면서 임금을 섬기는 데 실천하지 못하는 것이 있으며, 내가 아우에게 요구하면서도 형에게 하지 못하는 것이 있고, 내가 벗에게 요구하면서도 먼저 배풀지 못하는 것이 있다"는 구절에서 따온 명칭이다.

四未軒이 살던 옛집

角里書堂(求勗齋)

45세 때 學規를 지어 강학과 저술에 몰두하던 四未軒은 48세 때인 1862년 三南지방에 民亂이 일어나 자신의 고향인 仁同고을까지 그 여파가 밀려와 소란스러워지자 길거리에 나서서 亂民을 설득하여 亂民의 분노를 가라앉히는 데 앞장서기도 했다. 四未軒의 연보에는 이때부터 67세까지 근 20년 동안 향리에 愚伏 鄭經世를 주향하다 훼철된 愚山書院을 다시 세울 것을 상소하기 위해 55세 때 서울을 다녀온 것밖에는 특기할 만한 사항이 보이지 않는다. 그러나 그는 그 동안 「夙興夜寐箴集說」(1864) 「家禮補疑」(12卷·1866) 등 道學의 修養論을 심화·체계화시키고 禮學上의 여러 가지 문제들을 고증한 방대한 저술을 완성시키는 큰 업적을 남겼다.

67세 때(1881)는 그의 명성이 조정에까지 알려져 經學으로 천거되어 繕工監假監役·掌苑署別提·慶尙道都事에 연이어 제수되었으나 그 직에 나아가지 않았고 만년인 80세(1894)에는 折衝將軍龍驤衛副護軍에 다시 제수되었지만 끝내 벼슬길을 외면해 버렸다.

70세 때(1884) 衣制改革에 관해 반대하는 상소를 올렸던 것도 禮學에 누구보다 깊은 관심을 가졌던 그에게는 빼놓을 수 없는 일이다.

四未軒은 81세 되던 해(1895) 乙未事變을 맞게 된다. 나라 안의 여론이 온통 물 끓 듯하고 지방의 선비들도 무기를 들고 일어났다. 仁同지역의 젊은 선비들도 스승인 그를 찾아와 擧義할 것을 요구했다. 그때 그는 담담한 어조로 이렇게 대답해 그들의 요구를 완곡하게 뿌리쳤다고 전한다. "국사가 이 지경에 이르렀으니 우리들이 함께 피를 뿌리고 눈물을 삼켜야 하지마는 백면서생이 군사의 일을 행하면 일이 이루어지기도 전에 백성에게 화를 끼치게 된다는 것은 현명한 사람이 아니라도 다 알 수 있는 일이다." 그리고는 「居山說」을 지어 자신의 의리를 밝혀 놓았다.

四未軒이 모셔져 있는 家廟

　　慶北 漆谷군 若木면 角山 1동ㅡ. 마을 한쪽 나지막한 산허리에 四未軒이 강학하던 求尾齋가 남아 있다.

　　四未軒이 76세 때인 1890년에 지은 求尾齋는 1백여 년이 다 되어가는 건물인데도 아직 튼튼하게 버티고 서 있다. 대청마루 벽에는 克庵 李基允이 11세 때 썼다는 '求尾齋'(甪里書堂)란 현판과 四未軒의 門人인 張升澤이 1891년에 쓴 '學契書堂記' 현판이 내걸렸다. '學契書堂記'에는 이 서당이 문인 3백 33인이 돈을 보아 지은 것이라는 내력이 깨알 같은 작은 글씨로 소상하게 적혀 있다.

　　甪里書堂에서 동쪽으로 약 3백~4백 m 떨어진 곳에 四未軒이 살던 옛집과 그가 조상들과 함께 모셔져 있는 전형적인 작은 家廟도 아직 남아 있다. 옛집 곁에는 純祖 11년(1811)에 지었다는 큼직한 사랑채가 仁同張氏 집안의 연륜을 자랑하며 서 있다.

　　四未軒의 옛집에서 얼마 떨어져 있지 않은 곳에 寒洲 李震相의 대표적 門人의 한 사람이며 四未軒의 재종질인 晦堂 張錫英의 甪洞書堂과 옛집이 퇴락한 채로 남아 있어 이 마을이 한 때는 인근 유학자들의 本山이었음을 알려 준다.

求晶齋 현판

"그 어른은 淵源이 없어요. 어느 연원에든 속해야 힘을 쓰는데…" 玄孫인 張志允씨(63·大邱市 효목동 비둘기아파트 506호)의 말처럼 四未軒은 어느 연원에도 속해 있지 않다. 星州大浦에 살던 寒洲 李震相과는 지역적으로 가까워 어려서부터 친구로서 막역하게 지냈어도 그는 끝내 寒洲의 학설에 동조하지 않고 독자적인 학문의 길을 걸으면서 4백여 명이나 되는 門人을 길러 냈다.

만년인 77세 때 의복·음식·책상(几案)·언어·걸음걸이 등에 대한 것을 규정한 「童蒙訓」 12條를 지어 교육자답게 오히려 소년들의 교육의 중요성을 새롭게 인식했던 것을 보여 주는 四未軒은 86세 때인 1900년 3월 병을 얻었다. 미음도 넘기지 못해 오직 하루에 2~3차례 술로 목을 축였다고 한다. 병상에 누워서도 하루에 20~30명씩 찾아오는 문병객을 조금도 싫은 내색을 하지 않고 일일이 맞는 그에게 자손들이 문병객을 거절하라고 하자 "붕우가 상종하는 것은 즐거움인데 다음날에 어찌 얻을 수 있겠는가"라고 말하며 오히려 말리는 자손들을 나무랐다.

"실지에다 마음을 두어 분수대로 힘쓰는 것이 옳다"(存心實地隨分自力可也). 숨지기 5~6일전 문인 張升澤을 불러 유언을 남기고 후진들을 이끌어 가기를 당부한 四未軒은 다시 제자들이 유훈을 남길 것을 부탁하자 같이 지낸 지가 오래되었는데 지금 와서 특별히 이야기할 것이 따로 없다면서 역시 담담한 어조로 이렇게 말했다고 기록되어 전한다. "마음을 강철처럼 굳게 정해서 박실하게 행동해 가라. 선비의 처세는 만년에 절개를 지키는 것이 어렵다"(鐵定立心 樸實做去 士之處世 保晩絶爲難). 이어서 四未軒은 아들 錫贇에게 "나는 일찍이 범사에 삼가서 남들을 따라서 사람을 내려다보거나 쳐다보거나 하지 않았다. 너희들이 만약 이 말을 잊어버린다면 나의 바람을 저버리는 것"이라고 이른 뒤 장례를 후하게 지내지 말도록 당부하고 숨을 거두었다.

바로 이날이 1900년 4월 8일이었는데 四未軒이 26세 되던 해 장질부사에 걸려 사경을 헤맬 때 꿈속에 神仙이 건네주는 약을 먹고 병이 나은 뒤부터 꼭 一周甲이 되는 86세 때였다는 이야기가 角山洞에 神話처럼 전해 오고 있다.

四未軒은 文集 19권(본집 11권·속집 2권·부록 6권)과 별도 저술로「夙興夜寐箴集說」,「問辨至論」,「四書啓蒙」,「家禮補疑」등 방대한 저술을 남겼다.

四未軒의 장례에는 전국 각지에서 2천여 명의 조객들이 참례했고 服을 입은 사람이 1백여 명이 넘었는데 그 가운데는 張升澤·張錫英을 비롯하여 李種杞·宋浚弼·曺兢燮도 服을 입어 四未軒의 죽음을 애도했다고 알려지고 있다.

恭山　宋浚弼

年譜

1869년(高宗 6)＝10월 18일 星州 高山洞(현 慶北 星州군 草田
　　면 高山동) 百世閣에서 父 冶城宋씨 祺善과 母 永川崔씨 사
　　이에 둘째 아들로 태어남.
1874년(6세)＝祖父인 宋鴻翼에게 史略을 배움.
1877년(9세)＝母 崔씨 죽음.
1883년(15세)＝부인 呂씨를 맞음.
1885년(17세)＝寒洲 李震相이 講長이었던 丹山講會에 참석.
1886년(18세)＝四未軒 張福樞 문하에 들어감.
1894년(26세)＝東學亂의 피해를 당함.
1898년(30세)＝西山 金興洛 문하에 들어감.
1899년(31세)＝西山 金興洛 죽음.
1900년(32세)＝四未軒 張福樞 죽음.
1905년(37세)＝乙巳五條約이 체결됐다는 소식을 듣고 安東鄕校
　　에 가서 '斬五賊疏'를 올리려는 의논에 참여.
1918년(50세)＝「六禮修略」 편찬.
1919년(51세)＝儒林團의 巴里長書 계획에도 처음부터 적극 참
　　여, '通告國內文'을 지어 반포. 星州독립만세운동이 일어난
　　직후인 3월 4일 체포되어 大邱감옥에 수감되었다가 7월 26
　　일 출옥.

1927년(59세) = 부인 呂씨 죽음.
1928년(60세) = 「心統性情三圖發揮」 지음.
1933년(65세) = 金陵 黃鶴山중에 들어가 은거.
1934년(66세) = 「四勿箴集說」 완성.
1936년(68세) = 「續續資治通鑑綱目」 완성.
1938년(70세) = 「五先生徹言」(6冊) 편찬 완성.
1942년(74세) = 遠溪粘舍 준공.
1943년(75세) = 「中庸四情說」을 지음. 8월 28일 遠溪書堂에서 죽음.

思 想

恭山 宋浚弼은 韓末 嶺南유학의 碩學들에게 폭넓게 왕래 問學하면서 退溪 이후 嶺南학파의 성리설을 수렴하여 종합하고 체계화했던 인물이다.

그는 17세 때 寒洲 李震相의 講會에 참석하였고 18세 때부터 당시 72세인 四未軒 張福樞의 문하에 들어갔으며 30세 때 西山 金興洛의 문하에서 잠시 問學하기도 했다.

恭山의 성리학적 입장은 大山 李象靖을 계승하고 주로 四未軒의 영향 속에 형성된 것으로 보이며, 마음(心)이 理와 氣의 양면을 내포한다는 心合理氣說을 확립하는 것이다.

그는 31세 때 「大山書節要」를 편찬할 만큼 李象靖에 깊은 관심을 가졌고, '朱子의 편지는 直截明快하고, 退溪의 편지는 溫厚謹嚴하며, 大山의 편지는 普遍中正하다'라고 하여 李象靖이 朱子와 退溪의 正脈임을 밝혔다.

그에 의하면 退溪의 性理說은 마음(心)이 본성(性)과 감정(情)을 통괄한다는 입장에서 마음을 통합적(渾淪)으로도 설명하고 분별적(分開)으로도 설명하고 있다는 것이다. 그러나 栗谷은 통합적인 파악을 내세워 분별적 이해를 공격했고, 李玄逸을 비롯하여 權相一 申

益愧 등은 분별적 설명을 강조하여 통합적 파악을 거부했다고 지적하였다. 이처럼 그는 畿湖學派와 嶺南學派의 대립된 입장을 비판적으로 검토하는 객관적 태도를 지키면서, 이러한 대립된 입장을 통합하여 退溪의 본래 의도를 발휘한 것이 李象靖임을 강조하고 있다.

그는 한편 「讀寒洲集心卽理說」에서 李震相의 心卽理說은 마음을 보통사람의 마음이 아니라 聖人의 마음을 가리킨 것이라 이해하고 있다. 그러나 마음과 본성을 일치시켜 마음이 기질과 결합된 사실을 외면하는 것은 일치시킬 줄만 알고 분별하여 이해할 줄은 모르는 것이라 비판한다.

또한 「讀艮齋集性尊心卑說」에서 田愚의 性尊心卑說은 본성을 理로 보아 존중하는 것을 시인하고 있다. 그러면서도 마음을 본성과 상대시켜서 마음을 비하시키는 것을 거부하였다.

그는 "마음이란 본성이 아니면 주재가 될 근거가 없으며, 본성은 마음이 아니면 스스로 존중될 수가 없다"라 하여 마음과 본성을 尊卑로 설명하는 것이 적절하지 못함을 비판하고 있다.

恭山은 당시에 性理學說이 心卽理說이나 心卽氣說로 양극적인 대립을 보이고 있는 현실을 서로 이기려고만 드는 것으로 우리나라의 不運이라 하여 깊이 경계하면서 두 입장의 일면적인 타당성을 인정하는 동시에 心合理氣說로 통합되어야 할 것을 역설하고 있다.

그의 성리설은 「心統性情三圖發揮」(4卷·1928)에서 종합적으로 체계화되었다. 이 저술의 배경은 退溪의 「聖學十圖」에 대한 嶺南학파의 지속적 관심에서 찾아볼 수 있다.

「聖學十圖」의 第9圖인 「敬齋箴圖」에 관해 李象靖의 「敬齋箴集說」이 있었고 第10圖인 「夙興夜寐箴圖」에 관해 스승 四未軒의 「夙興夜寐箴集說」(1866)이 있으며 定齋 柳致命의 문인이고 恭山이 13세 때 受學한 일이 있던 觀岳 宋寅護(?~1889)의 「心統性情圖發揮」가 있다.

「心統性情圖」는 張橫渠의 心統性情說을 근거로 程林隱이 圖象으로 만든 것인데, 退溪가 中圖와 下圖의 2개 圖象을 더 만들어 3圖를 「聖學十圖」의 第6圖로 수록한 것이다. 여기서 恭山의 「心統性情三圖發揮」는 宋寅護의 「心統性情圖發揮」보다 더욱 정밀하고 방대하게 편찬된 것이며, 心性情論에 관한 宋代性理說과 退溪學統의 性理說이 정연하게 체계화되었다는 점에서 20세기 初에 정리된 性理學說의 一大集約이라 할 수 있다 그는 上圖에서 心合理氣와 心兼體用의 논의를 다루고, 中圖에서는 氣稟 속에서 순수하게 善한 天命之性의 문제와 情과의 통합문제를 논의하며, 下圖에서 本性이 氣質과 섞여 있는 양상 및 四端과 七情으로 감정이 분별되는 양상을 논의하였다. 그리고 總論으로서 理氣의 離合문제를 논하고, 敬을 지키는(持敬) 방법과 더불어 본성의 배양(存養) 문제와 감정의 省察문제를 논하며, 학문하는 要領과 더불어 앎의 확보(致知)와 행동적 실천(力行)의 문제를 논의하고 있다.

그가 편찬한 「四勿箴集說」(1卷·1934)은 程伊川의 「四箴」을 圖解하고 諸家의 논설 속에서 仁을 실현하는 心法을 분류하여 체계화시킨 것이다. 「四勿箴圖」는 「聖學十圖」에도 없는 것을 恭山이 그 뜻을 새로이 부각시켜 발휘한 것이라 할 수 있다. 또한 「六禮修略」(10卷·1918)은 家禮인 冠 婚 喪 祭의 四禮와 鄕禮인 士相見禮·鄕飮酒禮를 중심으로 그 의절과 圖象을 제시하며 그 典據를 정밀하게 고증한 것으로 禮學의 종합적 체계화를 이룬 것이다.

그가 편찬한 「五先生徽言」(6冊·1938)은 선유의 언행록으로서 修養을 위한 지침서로 보이며, 「正學入門」(4卷·1939)은 小學의 체계를 따른 것으로서 윤리규범의 실천적 요구에 상응한 것이라 하겠다. 그리고 「續續資治通鑑綱目」(10卷·1936)은 朱子의 「自治通鑑綱目」과 商輅의 「續資治通鑑綱目」에 이어 明太祖 元年(1368)부터 淸 宣統帝 3年(1911)까지 明·淸代의 중국역사를 綱目體로 편찬한 것으로서, 道學派의 역사관에 입각한 그의 역사인식을 엿볼 수 있게 한다.

나아가 1919년 儒林團獨立運動(곧 巴里長書事件)에서 郭鍾錫·張錫英 등과 더불어 중심적 활동을 하였던 사실은 그의 義理정신과 민족의식을 보여 주는 것이다.

이처럼 恭山은 이 격변과 좌절의 시대 속에서 道學精神의 정통을 순수하고 폭넓게 발현하였던 인물임을 확인할 수 있다.

行蹟

四未軒 張福樞와 西山 金興洛의 문인인 恭山 宋浚弼(1869~1943)은 「心統性情三圖發揮」, 「六禮修略」, 「續續資治通鑑綱目」 등 많은 저서와 42卷 21冊이나 되는 방대한 문집을 남긴 嶺南의 道學者이다.

恭山은 또 巴里長書 사전 계획 때부터 적극적으로 참여해 '通告國內文'을 지어 儒林에 알리는 등 抗日독립운동에도 앞장섰다가 獄苦를 치르기도 했던 인물이기도 하다.

특히 그는 자신의 성리설 전개에 있어서 국내의 여러 異說을 종합, 한국 성리학의 체계를 세우려 시도했던 뛰어난 학자로서 한국 근대사상사의 한 페이지를 차지할 만한 사람이다.

慶北 星州군 草田면 高山동―. 星州읍에서 약 10km 떨어진 이 마을이 恭山이 태어난 고향이다. 草田면소재지에서 북쪽으로 꺾어들어 2km쯤 더 들어가야 하는 곳인데 이곳 사람들은 이 마을 옛부터 전해 오는 대로 아직 '高山亭'이라 부른다. 洞口 나지막한 언덕 위에 恭山의 16代祖가 되는 明宗때의 충신 文肅公 宋希奎(1494~1588)의 작은 비각이 노송에 싸여 옛일을 이야기해 주며 서 있다.

掌令으로 있던 宋希奎는 왕의 외척인 尹元衡을 제거하라는 상소를 올렸다가 尹元衡의 모함으로 全羅도 高山에서 5년이나 쓰라린 귀양살이를 해야 했다. 귀양지에서 풀려난 그는 자신이 귀양살이하던 곳의 이름을 따다가 마을 이름을 高山이라고 불렀다. 鳳岩山 아래 樹齡이 4백~5백년은 될 듯한 회나무 3그루가 있는 곳에 宋希奎가 살던 百世閣이 지금도 남아 있다. 4백여 년이 지났는데도 용케 잘 버텨 오고 있다. 대지 1천여 평, 건평 3백여 평은 되어 보이는 큰 집인데 안채와 사랑채가 맞붙어 'ㅁ'字型을 이룬 古宅이다. 사랑채는 보수한 지 얼마 되지 않아 깨끗한 모습이지만 안채는 문짝이 다 떨어져 나가고 벽들이 허물어져 나가 아이들이 들락날락할 수 있을 정도로 방치되어 있어 보기에도 민망스럽다. 마을 사람들은 그래도 이 百世閣을 '壬辰倭亂을 치른 집'이라고 자랑스럽게 여긴다.

百世閣

高陽書堂

遠溪書堂 강당

百世閣 오른편에 倻溪 宋希奎의 사당이 단청이 다 벗겨진 채 남아 있고 그 곁에 恭山이 살림을 나 살던 옛집이 2채 나란히 서 있다. 뒷건물은 부인이 거처하던 안채이고 앞집은 恭山이 거처하던 書室로 서 '高陽書堂'이라는 현판이 내걸렸다. 이곳에는 지금 恭山의 위패를 모셔 놓고 있다고 한다.

恭山은 冶城 宋씨의 宗家인 이곳 百世閣에서 태어났다. 6세 때부터 벌써 할아버지 宋鴻翼 밑에서 「史略」을 배우기 시작한 恭山은 연이어 아버지 宋祺善, 친척 할아버지인 宋寅懿에게 배워 학문의 기초를 익힌 뒤 18세가 되어서야 四未軒 張福樞의 門人이 됐다.

東學亂이 일어나던 해인 1894년 5월에는 東學徒인 李在純에게 끌려가 입당을 강요당했어도 끝까지 굽히지 않고 항거하다가 생명이 위독할 정도로 매를 맞았으나 구사일생으로 목숨을 건지는 모진 고초도 겪었다. 그래도 恭山의 학구열은 조금도 식지 않았다. 그는 30세 때 다시 安東 金溪로 西山 金興洛을 찾아가 그의 門人이 됐다. 그러나 門人이된 지 1년도 채 못된 1899년 西山이 죽고 연이어

1900년 스승인 四未軒마저 세상을 떠났다.

학문적 토대가 이미 잡혀 있었던 恭山은 더 이상 스승을 찾지 않고 俛宇학파·寒洲학파·西山학파의 선배들과 학문적 토론을 계속해 가며 자신의 학문세계를 넓히고 심화시켜 갔다. 이때 恭山이 교유하면서 학문을 토론했던 선배들은 郭鍾錫, 許愈, 李承熙, 李種杞, 尹冑夏, 張錫英 등 寒洲 四未軒의 문인들과 金道和, 李晩燾, 柳必永 등 西山문인, 그리고 許薰을 비롯하여 湖南의 田愚 등 모두 당대의 巨匠들이었다.

"죽고 사는 것은 천명이다. 나라가 회복되면 죽어도 사는 것이요 나라가 회복되지 못하면 살아도 죽은 것과 같다. 지금이 어느 때인가 전국 방방곡곡의 우리 혈기를 가진 생명들이 기뻐서 부르짖고 고무되어 같은 마음으로 외친다면 하늘이 뜻을 돌려 재앙을 거두고 백성의 마음이 단결될 것이다. 아, 우리들이 입을 다물고 울분의 눈물을 뿌리며 흐느낌을 삼킨 지 이미 10여 년이 되었다. 천재일우의 기회를 만나서 만방의 공변된 의논이 있으니 국권의 회복을 바랄 수 있게 됐다. 우리들이 어떤 사람이기에 문을 닫고 앉아만 있을 수 있겠는가. 우리 몇몇 사람은 울분을 이기지 못해 글을 띄워 고한다. 전 국민이 같은 마음이니 여러분의 생각도 같을 것이다. 마을마다 고을마다 독립의 깃발을 세워서 우리가 왜놈들을 몰아내는 의리를 밝히고 만국평화회의에 다시 청원서를 보내 우리 사정을 널리 알린다면 다행이겠다."

1919년 서울에서 3·1독립운동이 일어나 전국적으로 확산되어 가자 恭山은 百世閣을 유림단 본부로 삼고 郭鍾錫, 張錫英, 金昌淑 등과 파리 만국평화회의에 독립청원서를 보내기로 결정했다. 그리고 자신은 이렇게 '通告國內文'을 지어 전국유림의 동참을 호소했다. 파리장서는 郭鍾錫이, 총독부에 보내는 장서는 張錫英이 각기 맡아서 썼다. 恭山은 '通告國內文'을 향리에 있는 鳳岡서원의 못쓰게 된 마룻장(49×12×2.5cm)에 양각하도록 해서 찍어 냈고 문인들의 붓통 속에 말아 넣어 돌리도록 했다. 이 '通告國內文' 판각은 뒤늦게 80년 7월 百世閣에서 일부 조각이 발견돼 종손인 宋台燮씨(83)가 보관하고 있다.

　그 해 음력 3월 2일은 星州장날이었다. 이날 星州에서도 만세시위가 일어났다. 5~6인이 죽었고 수십 명이 부상당했다. 파리장서사건과 만세시위의 주모자로 3월 4일 百世閣에서 체포된 恭山은 大邱감옥에 갇혔고 재판 끝에 2년형을 선고받았으나 그 해 7월 26일 풀려났다. 이때 恭山의 옥바라지를 한 둘째아들 仁根이 기록해 놓은 「獄中日記」가 「儒林團獨立運動實記」라는 책으로 묶어져 전하고 있다. 이 책은 通告國內文・抵巴里長書 및 서명자 1백 43명의 명단・獄中日記・問獄錄 등으로 엮어져 있는데 問獄錄에는 감옥에 찾아 온 사람의 성명・주소・성금 액수까지 소상하게 기록해 놓았다.

　慶北 金泉시 부곡 1동 遠골－. 金泉시 외곽지대인 이곳은 黃鶴山의 줄기가 묘하게 마을을 감싸고 있어 밖에서는 전혀 집 한 채도 보이지 않는 완만한 산계곡이다. 지금은 20여 호의 민가가 들어서 있는 동네인데 여기가 恭山이 65세 때부터 遠宇齋를 짓고 은거하면서 저술과 강학에 힘쓰며 지내던 곳이다. 「四勿箴集說」, 「續續資治通鑑綱目」, 「正學入門」, 「中庸四情說」 등이 모두 여기서 이루어진 역저들이다.

　몰려드는 후학들 때문에 精舍가 비좁아지자 74세 되던 해인 1942년 집을 늘려 遠溪精舍를 지은 恭山은 그 다음 해인 1943년 새로 지은 精舍에서 75세를 일기로 숨을 거두었다.

　지금 이곳에는 恭山을 추모하기 위해 68년에 지은 遠溪書院이 들어서 있다. 書院의 정문인 直方門을 들어서면 좌우에 東西齋인 日省齋와 制養堂이 있고 높다란 축대 위에 세워진 강당인 正學堂 뒤에는 恭山의 위패를 모신 崇德祠가 있다. 朴正熙 전대통령이 썼다는 崇德祠현판이 눈길을 끌게 한다.

　성리학의 핵심과제는 인간의 마음의 본질을 밝히는 것이다. 恭山도 이 마음의 본질을 밝히는 데 심혈을 기울였다. 俛宇 郭鍾錫은 '心卽理'라 보았고 艮齋 田愚는 '心卽氣'라 보았다. 그러나 恭山은 心은 理와 氣를 포함하는 것(心卽合理氣)이라고 보고 있다. 어느 한 면만 보아서는 안 되는 것이고 朱子와 退溪가 주장하는 것도 모두 心卽合理

氣라는 것이 그의 주장이다.

恭山의 남다른 명쾌한 논리와 선명한 전개방법에 이끌려 가다 보면 지금까지의 모든 학설을 종합하여 체계화하려는 그의 강한 의지를 읽게 된다. 5백년 이상을 껍질을 벗지 못하고 내려오던 성리학이 껍질을 벗으려는 꿈틀거림을 느끼게 된다.

"그 어른은 온후한 분이셨습니다. 외유내강한 분이었지요. 평생 성내시는 것을 보지 못했어요." 손자인 宋震爕씨(73·大邱시 中구 東山동 511)의 이야기만 들어 보아도 恭山의 성품은 어느 정도 짐작이 간다.

"학문하는 사람은 겸허한 덕이 없으면 그 지식이 하늘과 땅을 꿰뚫고 양웅이나 한퇴지를 넘어서더라도 끝내는 사람의 마음을 승복시킬 수가 없다." 평생을 이런 신념 밑에서 학문에 임해 온 恭山은 꼭 자신의 잘못을 뉘우치는 듯한 명언 한 토막을 남겨 놓았다.

"한 지역이나 이웃에 죄를 짓지 않는 것은 쉬우나 자신의 처자에게 죄를 짓지 않는 것은 어렵다."

제4부
性齋淵源의 도학

性齋　許傳

年譜

字 而老, 號 性齋, 貫 陽川, 父 許珩, 母 延安李氏, 配 漢陽趙氏.

1797년(正祖 21년)＝12월 29일 抱川縣木洞에서 출생.

1801년(5세)＝「孝經」을 읽음.

1813년(17세)＝漢陽趙氏를 부인으로 맞음.

1817년(21세)＝下廬 黃德吉에게 受學.

1820년(24세)＝父親喪.

1835년(39세)＝別試文科及第, 承文院權知副正字가 됨.

1860년(64세)＝「士儀」 지음.

1862년(66세)＝「宗堯錄」 지음, 三政策을 올림.

1864년(68세)＝金海都護府使에 임명됨.

1867년(71세)＝刑曹參判에 임명됨.

1875년(79세)＝「哲命篇」 지음.

1878년(84세)＝저서 「宗堯錄」, 「哲命篇」을 임금에게 올림.

1883년(87세)＝漢城判尹에 임명되어 冷泉洞에 거주.

1886년(90세)＝9월 23일 아들의 任地인 安山郡(현 서울始興洞)
　　　에서 세상을 떠나 果川縣菊逸里에 안장.

思 想

　性齋 許傳은 星湖 李瀷에서 順菴 安鼎福을 거처 下廬 黃德吉로 이어오는 畿湖南人系인 星湖학파의 학풍을 계승하여 19세기말엽 嶺南에 전한 인물이다. 그가 21세때(1817) 陽川 斗湖에로 下廬의 문하에 나아갔을 때 독특한 교과과정의 교육을 받았다.

　그는 먼저 「東賢學則」과 「李子粹語」부터 배우기 시작한 것이다. 「東賢學則」은 下廬가 편찬한 우리나라 先賢의 言行으로서 「小學」에 해당하는 것이고 「李子粹語」는 退溪의 언행을 星湖가 편찬한 것으로 「近思錄」에 해당한다. 중국고전에서 출발하는 것이 아니라 우리고전에서 출발하는 독특한 주체적 학풍이다. 그리고나서 「日省圖」에 의해 敬의 자세를 확립하고 「讀書次第圖」에 따른 엄격한 학습단계를 따라 修學하게 된다.

　性齋는 下廬의 門下에서 星湖를 통하여 退溪의 학맥에 접속하면서 星湖학파의 實學的 관심에 젖을 수 있었다. 여기서 그는 道學으로부터 實學에로의 離脫방향이 아니라 實學에서 다시 道學에로의 復歸내지 實學과 道學의 綜合에의 방향을 보여준다. 이미 順菴은 星湖학파 안에서 鹿菴 權哲身 계통의 천주교를 신봉하는 信西派에 대립하는 攻西派의 입장을 취하였고, 性齋은 星湖학파의 攻西派 입장을 계승하여 愼後聃의 「西學辨」과 洪正河의 「四編證疑」 등 천주교 비판저술에 跋文을 지었고, 魏源의 「海國圖誌」에도 跋文을 지어 西敎배척태도를 명백하게 밝히고 있다.

　그의 실학적 학풍은 초보단계에 머물렀지만 자연과학적 관심을 들 수 있다. 「天地辨」 3편에서 天文현상을 설명하면서 程子·朱子의 이론과 조화시키고 있거나, 「象緯考」 3편에서 우리의 天文學史를 정리한다. 그는 星湖에서 보이는 서양천문학에 대한 적극적 관심을 상실하였으며 피상적 언급에 머무른다.

　다음으로 그는 初學단계에 대한 교육적 관심에서 실학적 태도를 뚜렷이 보인다. 順菴도 「下學指南」에서 일상의 비근한 현실성으로

下學의 중요성을 강조하였지만 性齋는 32세 때의 「下學箴」에서 81세 때의 「初學文」과 88세 때의 「入學問」을 저술하는데 이르기까지 일상성의 下學 내지 기초적인 初學에 대한 관심을 풀지 않았다.

그의 학문에 나타난 현실문제에 대한 접근은 국가의 통치제도에 대한 개혁론이 아니라 君王의 통치원리에 대한 재확인이다. 따라서 실학파적이라기보다 도학파적인 경세론으로 볼 수 있다. 「受廛錄」(1861)에서는 養民(經濟)으로 시작하여 敎民(敎育)·官人(人事)을 통해 禮樂에서 王道정치가 성취되는 단계를 보여주며 「三政策」(1862)에서도 治道의 9조목으로 民牧·用人·敎民 등의 조목을 제시하였다. 「宗堯錄」에서도 書經과 大學의 원리에 따라 經典的 통치규범과 덕목을 해명한다. 「哲命篇」은 父親 一川 許珩을 이어 王世子의 교육을 위한 저술을 완성하였으며 그만큼 그는 제도보다 군왕의 心術에 통치근원을 발견하는 입장을 보여주었다.

그 자신은 金海府使로서 백성을 德化로 다스리며 「居官十箴」의 箴銘을 政堂에 걸어 놓고 성찰하였다. 이때 그가 金海향교를 중심으로 전파시켰던 鄕約은 윤리를 두터이 하고(惇叙彝倫), 사업에 힘쓰며(勉勵事業), 이웃이 화목하고(和睦隣里), 과오를 경계하며(規戒過失), 법률을 두려워한다(畏懼刑法)는 5綱 35目으로 규정한 것이다. 이것은 곧 呂氏鄕約의 구체적 응용이라 할 수 있다.

性齋의 학문적 업적에 핵심을 이루는 부분은 禮學이다. 그는 喪服제도에 관한 천착에서 「法服篇」을 저술한 이후 衣冠제도를 통한 禮制를 해명하며 「東國衣冠」 등에서는 우리나라 服式의 史的 규명에도 치밀한 노력을 기울였다. 그의 禮學체계는 「士儀」(1860)와 「家儀」(1875)의 두 범위로 이루어져 있다. 「士儀」는 士大夫의 신분적 禮儀로서 親親·成人·正始·易戚·如在·方喪·法復·禮論으로 구성하여 士大夫儀禮를 집대성하여 체계화한 것이다. 그 자신이 26권으로 된 「士儀」를 간추려 「士儀節要」 2권을 편집하여 儀體규범으로서 실용화에 편의를 도모하고 있다.

또한 그는 79세에 「家儀」를 저술하여 가정의례의 원칙을 세워 자신의 家門에서 士儀와 家儀로 사회신분적 의례와 가족집단적 의례의

典範을 실천하였던 것이다.

性齋는 星湖학파를 이어 禮學의 체계적 재구성이 뚜렷한 업적을 이루었으며 자신이 牧民官이나 經筵官의 관직생활을 통해 경세론을 구체화하는 작업을 수행하였다. 여기서 그는 道學과 實學의 융화를 이룸으로써 실학적 입장의 前進에는 별다른 기여를 하지 못하였다. 그러나 그는 道學을 실학적 분위기에로 끌어 나오게 하는 노력에 공로가 있다고 할 수 있으며, 특히 星湖학파의 학풍을 金海지역을 중심으로 하여 嶺南에 접착시키는 데 이룬 업적은 사상사적 위치가 뚜렷한 것이라 할 수 있다.

行蹟

慶南 山淸군 新等면 法勿리 — .

속칭 '나물'이라고 불리는 이 마을에 들어서서 만나는 사람마다 붙잡고 許性齋선생의 재실이 어디냐고 물어도 아는 사람이 별로 없다.

后山 許愈가 麗澤堂의 내력을 기록한 「麗澤堂記」 현판

性齋의 影幀을 모신 勿山影堂

金海 金씨의 집성촌인 이 마을에 와서 許씨 재실을 찾기 때문인지도 모른다는 생각이 들어 다시 ‘麗澤堂’이란 곳은 있느냐고 물었더니 ‘이택당’은 있다는 대답이다. 慶尙道 사투리 때문에 ‘여’가 ‘이’로 둔갑해버린 것이다.

마을 뒤 나지막한 동산 꼭대기에는 꽤 널찍한 평지가 있었고 ‘麗澤堂’은 그곳 대나무 숲 속에 지붕의 용마루만 드러내놓고 있다.

그런대로 위엄을 갖춘 솟을대문과 강당, 그리고 影堂·藏板閣이 수리한 지 얼마 되지 않아 새건 물처럼 깨끗하게 들어서 있다. 勿山 影堂의 고운 새단청이 대나무숲과 어울려 한층 더 돋보인다.

麗澤堂 대청 마루벽에는 辛卯年(1891년) 河龍濟가 ‘麗澤堂’이라 큰 글씨로 써서 새긴 현판과 后山 許愈가 쓴 「麗澤堂記」, 晚醒 朴致馥이 撰한 「麗澤堂上樑文」, 「藏板所麗澤堂上樑文」 등이 여기저기 내걸렸다.

晚醒이 쓴 ‘장판소여택당상량문’에 따르면 이 건물은 1891년 3월 12일에 상량식을 가진 것으로 되어 있고 이 해는 法勿리의 金氏阡舍에서 性齋의 문집을 간행해낸 다음해여서 경상도의 性齋문인들이 문집을 간행한 뒤 여력을 모아 麗澤堂을 마련했다는 것을 알 수 있다.

性齋 許傳(1797~1886)은 舊韓末 畿湖 南人系의 대표적 학자로서 星湖(李瀷)의 학통을 계승한 禮學의 大家였다.

性齋는 京畿도 抱川 木洞에서 朝鮮朝에 들어와 東西分黨으로 權座를 떠나야 했던 南人집안에 태어났다. 그는 蚊山 許筠의 맏형인 岳麓許筬의 직계 후손이 된다.

몰락해버린 가문에서 태어난 性齋는 어릴 때부터 총명해서 한층 더 큰 촉망을 받았다. 4세 때 증조부에게서 글을 배우기 시작한 그는 5세 때 「孝經」을, 6세 때 「小學」을, 8세 때 「大學」을 읽었고, 9세 때는 「詩經」과 「周易」을 읽었을 정도로 뛰어났다.

慈仁縣監으로 봉직하던 부친의 임소인 慶山에 따라가 인근 新林寺에서 3년동안 독서를 하기도 했던 性齋는 抱川에 돌아와 21세 되던 해 당시 斗湖(현 서울 가양동 근처인 듯함)에 은거하며 강학하고 있던 下廬 黃德吉을 찾아가 배움을 청했다. 下廬는 順菴 安鼎福의 제자였고 順菴은 星湖 李瀷의 문인이었으니 性齋는 이때 처음 星湖학파와 인연을 맺게 된 셈이다.

그러나 南人가문의 후예였기 때문이었는지 性齋는 39세 때이야 別試文科에 급제, 從9品 임시직격인 承文院權知副正字에 임명되어 관직에 첫발을 들여 놓았다.

麒麟道(黃海平山) 察訪(44세) 司憲府持平(48세)을 거쳐 咸平縣監으로 나갔다가 54세 때 哲宗의 즉위와 함께 弘文館校理 겸 經筵侍讀官의 내직을 맡은 性齋는 이때부터 經筵에 참여하여 유교경전을 해설하는 학자관료의 역할을 했다. 그가 堂上官이 된 것은 59세때 右副承旨와 兵曹參議를 맡으면서부터였으나 학자 관료답게 그는 이때도 학문과 저술에 더 힘을 쏟았다.

1862년 晋州民亂을 필두로 三南지방에서 백성들이 들고 일어나자 국왕이 朝野의 선비들에게 三政에 대한 策文을 올릴 것을 명한 일은 널리 알려진 사실. 이때 그 수를 헤아리기 어려울 만큼 많은 三政策이 접수되었으나 그중에서 性齋의 三政策이 가장 뛰어났었다고 전한다. 그러나 執權者들은 그의 가차없는 현실 고발에 혐오를 느껴 전혀 돌아보지도 않았다는 이야기가 문집에 실려 있다.

田政·軍政·還政의 시정책을 건의한 三政策에서 性齋는 實學의 학통을 이어받은 學者로서의 투철한 현실파악을 바탕으로 구체적인 개혁안을 제시했다. 그리고 끝에는 民牧·用人·敎民·頒祿·藏錢·禁盜·愼敕·來諫·典學 등 「治道九條」를 제시해 놓았다.

내직에 있던 性齋는 68세 때인 1864년 자신의 정치적 소신을 어느 정도 펼 수 있는 귀중한 기회를 얻었다. 金海都護府使로 임명되어 한 고을을 다스릴 수 있었던 것. 그의 정치적 소신을 그가 과연 얼마나 펼 수 있었는지는 의심스럽지만 性齋는 金海府使시절 한국유학사상 자신의 위치를 인정받을 수 있는 중대한 일을 해냈다.

학자관료였던 性齋는 公務의 여가를 틈타서 '公餘堂'이라 불린 강학소를 마련, 젊은 선비들을 모아 가르쳤다. 중앙권좌에서 소외된 南人의 본거지인 慶尙道지방에서 무시할 수 없는 관료출신 南人학자의 출현은 그만큼 큰 호응을 불러 일으켰다.

性齋의 출생지인 抱川 뿐만 아니라 그가 옮겨 다니며 살던 京畿道지방, 서울에도 없는 性齋를 기리는 재실이 1천리 가까이 떨어져있는 山淸지방에 있는 것도 그 때문이고, 그의 문집과 續集 및 「士儀」 등의 저술이 모두 丹城·金海·咸安등 慶南지방에서 간행된 것도 그 바탕을 알고 보면 이상한 일이 아니다.

결국 性齋는 畿湖의 星湖학파 학풍을 嶺南에 전해주는 가교역할을 충실하게 해냈다.

3년에 걸친 金海府使직에서 물러나 70노인으로 서울에 돌아온 性齋에게는 그 뒤에도 계속 실권이 없는 관직이 계속 내려졌다. 刑曹參判(71세), 兵曹參判·藝文館提學(73세), 知經筵事(80세), 知中樞府事·吏曹判書(85세), 漢城判尹(87세), 判義禁府事(89세) 등 모두가 노인대접으로 주는 壽職뿐이었다. 아마 그에게 주어진 이런 閑職들이 관료로서보다 學者로서의 그를 완성시킬 수 있었던 것이었는지도 모른다.

性齋는 正祖·純祖·憲宗·高宗의 5代王의 시대를 90이란 壽를 누리며 살았다. 그동안 그는 계속 관직에 몸담고 있으면서도 文集 32卷,

續集 6卷과 理想的인 君主의 像을 제시한「宗堯錄」「哲命編」, 선비의 禮法을 밝힌「士儀」등 방대한 저술을 남겨 놓았다. 특히 선비의 생활 의식을 집대성한 禮書인「士儀」는 일일이 그림까지 그려 넣은 朝鮮 5백 년 禮學의 결산이라는 평가를 받고 있다. 이 책을 쓰기 위해 인용한 고 증서적만도 우리나라 것이 67종, 중국 것이 2백여 종이 넘는다.

90이란 壽를 누린 탓이기도 하겠지만 性齋는 누구보다 많은 門人 을 둔 사람이었다. 그가 87세에 漢城判尹이 되어 冷泉洞에 살 때 그 의 집을 드나들던 문인들의 기록인「冷泉及門錄」에만도 4백 95명이 기록되어 있는 것을 확인할 수 있다.

"하루 종일 일은 아무 것도 없고/밤에는 잠도 오지 않는데/神氣는 청명하고/心志는 고요할 뿐이다/본래 채소를 좋아하는 것은/부처를 배운 때문이 아니요/病때문에 곡물을 피하니/神仙이 된 것 같다/조 그마한 우리나라 삼천리에/내평생 90년을 보냈도다/천하의 좋은 책 도 아직 다 읽지 못했지만/세월은 유유히 냇물같이 흘러라"「早起詩」

90세 되던 해 자신의 죽음을 예견하기라도 한 듯 이렇게 평온한 마음을 표현해 보이기도 한 性齋는 安山 瞻星리로 星湖 李瀷의 墓를 찾아가 祭文을 지어 제사 지냈다. 이어 젊은 선비들과 한달 가까이 유람을 다니다가 돌아온 뒤 病에 걸려 安山郡守로 있는 아들의 집 不倦堂에서 조용히 숨을 거뒀다.

"내가 지은「士儀」와「家儀」에 세워진 규칙은 후세의 자손이 준수 해서 어긋나지 않도록 해라. 내가 한평생 星湖선생을 70제자가 孔子 를 존모하듯 했다."

星湖학파의 계승자답게 性齋가 남긴 유언이다.

麗澤堂 대문을 나서며 문득 머리를 스치는 것이 있다. 그렇다. 順 菴 安鼎福의 고향인 京畿도 廣州군 廣州면 中垈리 텃골마을에 있는 順菴이 강학하던 곳의 이름도 분명히 '麗澤堂'이었다. 性齋처럼 선명 하게 학통을 이어온 학자도 드물다는 생각이 든다. 京畿道의 麗澤堂 과 慶南의 麗澤堂은 멀리 떨어져 있다해도 그 저류를 흐르는 끊이지 않는 脈은 같을 것이기 때문이다.

舫山　許薰

年譜

1836년(憲宗 2)＝善山郡 林隱(현 慶北 龜尾시 林隱동)에서 金海許
　　氏 贈參贊 祚의 장자로 출생, 伯父 示正에게 出後.

1840년(5세)＝祖父 恮에게 글을 배움.

1864년(29세)＝性齋 許傳에게 가서 執贄하고 溪堂 柳疇睦에게도
　　배움.

1867년(32세)＝覽輝亭을 짓고 修學.

1883년(48세)＝按嶺使 金明鎭의 방문을 받아 救民策을 진언.

1894년(59세)＝英陽군 立岩면 興丘동으로 피난.

1895년(60세)＝伽倻山, 主屹山, 靑華山, 俗離山, 鷄龍山의 승경
　　을 찾아보고 百濟의 유적을 돌아봄. 「西遊錄」 지음.

1898년(63세)＝關東八郡을 돌아보고 「東遊錄」 지음.

1900년(65세)＝靑松군 眞寶면 廣德洞으로 이주.

1904년(69세)＝慶基殿 參奉에 제수되었으나 그 직에 나가지 않음.

1906년(71세)＝靑松군 眞寶 飛鳳山 아래 정자를 짓고 軒名을 看雲
　　이라 함.

1907년(72세)＝陶山書院과 屛山書院의 원장으로 추대됨. 8월 23일
　　별세.

思 想

舫山 許薰은 29세 때(1864) 性齋 許傳의 문하에 나아갔고 뒤이어 溪堂 柳疇睦에게 수학함으로써 嶺南儒學 안에서도 독특한 학맥을 형성하고 있다.

스승 性齋는 退溪淵源이 近畿지방에서 實學派의 학풍을 일으켰던 星湖 李瀷→順菴 安鼎福→下廬 黃德吉로 이어진 星湖학파의 학통을 계승한 인물이고 溪堂은 嶺南에서 退溪학맥의 주류를 이루었던 鶴峰 金誠一에서 西山 金興洛에 이르는 학통과 구별되어 西厓 柳成龍의 후손으로서 一家를 이룬 인물이다.

舫山은 性齋와 溪堂의 두 스승을 계승함으로써 退溪淵源에서 분파된 이른바 近畿학파와 嶺南학파를 韓末에 다시 종합하는 위치를 차지하고 있다.

그의 저술에서 보이는 「海潮說」은 天文과 潮水의 관계에 관한 朱子와 韓元震 등의 이론을 검토한 것이요, 「洊水說」은 地理의 고증을 시도한 것이고 「鹽說」은 財政과 專賣에 관한 관심을 보여 주고 있으며 「砲說」과 「車說」은 銃砲와 戰車 등 兵器에 관한 관심을 제시한 것이다.

이러한 고증적이고 실용적인 관심은 舫山이 實學派의 학맥에 이어져 있음을 보여 주는 것이라 하겠으나 그 내용이 너무 단편적인데 머물러 韓末에서 實學의 퇴화현상을 드러내는 것이며 또한 그의 학문적 중심 문제가 道學에로 복귀되고 있음을 확인할 수 있다.

舫山은 退溪의 학문적 정통성을 재천명하는 데 그의 학문적 관심을 집중하였다. 곧 「四七管見」에서 四端七情의 理氣論的 분석을 재검토하면서 羅整庵의 人心道心體用說이나 栗谷의 人心道心相爲始終說 등 人心과 道心의 대립성을 거부하고 일관성을 강조하는 입장을 비판하고 있다.

그는 栗谷의 性理說이 退溪와 입장을 달리한 문제들을 반박할 뿐 아니라, 退溪의 理氣互發說을 확신하여 자신의 學脈上에 있는 星湖

의 주장도 互發說에 어긋난 것은 예리하게 비판하였다.

星湖의 「四七新編重跋」에서 四端과 七情이 모두 理가 발동하고 氣가 따라가는 것(理發氣隨)이라는 주장에 대해 비록 栗谷에 있어서 四端과 七情이 모두 氣가 발동하고 理가 타고 가는 것(氣發理乘)이라는 주장과는 상반되지만 星湖나 栗谷이 양쪽 다 극단에 치우쳤다고 지적하였다. 또한 寒洲 李震相의 心卽理說에 대해서도 心이 理氣의 결합(心合理氣)이라는 退溪의 입장을 지켜 반대하고 있다.

그는 「心說」에서 心과 理의 관계를 나라와 임금 또는 가정과 家長의 관계에 비유하였다. 나라에 임금이 주인이고 가정에 家長이 주인이라 할 수 있지만 나라가 곧 임금이고 가정이 곧 家長이라 할 수는 없다는 것이다. 따라서 心은 理를 주장으로 삼는다(心主乎理)는 입장을 지지하면서 心이 곧 理다(心卽理)라는 입장을 거부하고 있다.

寒洲의 딸이 舫山의 子婦가 되어 사돈간의 친밀함에도 불구하고 舫山은 寒洲의 心卽理說이 끝내는 氣를 理로 파악하게 되어 王陽明과 접근하게 된다고 엄격하게 비판, 寒洲門人인 張錫英과도 논란을 벌이고 있으며, 「李寒洲論語箚義辨」에서도 心卽理說을 陽明學에 귀결되는 것이라 반박하였다.

舫山은 經學에 대해서도 관심을 가져 「春秋記疑」, 「幽風編例說」, 「河圖洛書說」, 「先天圖總論」 등 春秋·詩經·易經에 관한 논설을 남기고 있다. 또한 大學(傳10章)의 絜矩之道에 관하여 「絜矩說」을 통해 첫 번째의 絜矩는 법도로서 헤아리는 것(以矩以絜之)이요 다음의 絜矩는 헤아려서 법도로 삼는 것(以絜而矩之)이라는 분석을 함으로써 朱子의 해석과 星湖의 해석을 종합하고 있음을 보여 준다.

그는 학문 방법의 핵심을 持敬(敬을 간직함)으로 제시하고 바깥으로 整齊嚴肅하고 속으로 主一無適하여야 한다는 修養法을 강조하며 "敬은 온갖 간사함을 막으며, 誠은 온갖 거짓됨을 제거한다"(敬敵千邪 誠消萬僞)는 구절을 座右銘으로 삼아 마음을 지키고 행동을 살피는 修養을 실천하였다.

舫山은 禮學에도 정밀하여 스승 性齋와 溪堂과도 禮制를 토론하였으며 「承重者妻從服說」, 「三年內慕祭說」 등을 남기고 있다.

舫山은 「西山採薇義」에서 伯夷·叔齊의 死節은 고사리를 캐 먹으며 연명하려 하지 않았음을 해명하고, 「孔明自比管樂論」에서 霸道의 管仲이나 樂毅보다 王道의 義理를 추구한 孔明이 正大함을 지적하여 義理의 중대함을 밝히고 있다. 그러나 그는 아우 性山 許魯와 旺山 許蔿가 抗日義兵運動에 활약하는 동안 이들을 후원하면서 자신은 은둔하며 학문에 전념하여 가문을 지켰으므로 舫山의 兄弟들 속에서 擧義와 自靖이라는 處義의 두 양상이 균형을 이루고 있음을 보게 된다.

行蹟

"不孤軒 韻致받고 太初堂 뜻을 이어
우리님 나셨으니 大儒로 뜻펴셨네
나어린 시절부터 책 속에 파묻혀서
六藝를 익히시고 百家도 보시었네
좇고 갈고 단련하니 그 학문 어떻던고
退溪거쳐 朱子찾고 程子따라 孔子뵙네
座右銘 여덟 글자 先哲의 法이로세
才業이 넓으시고 德行도 일치되네
지으신 그 文章은 古人의 짝이 되고
霸道·異端 쫓으시니 선비 갈길 밝라졌네
그 經綸 쓰셨더면 그 아니 넉넉하리
經幄에 하온 말씀 朝廷의 法이었네
參奉벼슬 마다함은 世道가 더러웠오
깊숙한 東岡에서 琴書를 즐기셨네
안으로 道德쌓고 밖으로 文章펴니
심취해 보는 이도 道味에 배불렀네
이러고 가셨으니 그 영혼 평안하리
墓碣에 새기노니 내말이 옳으리라"(漢文意譯)

靑松郡 眞寶面上里(현 慶北 靑松군 眞寶면 槐亭 2동 중간마을) 갈미봉줄기 아래 높다랗게 세워진 舫山 許薰의 墓道碑에는 西山 金興洛의 제자였던 拓庵 金道和의 墓碣銘이 새겨져 있다. 拓庵은 3m도 채 못 되는 비석 3면에 꽉 채워 쓴 墓碣銘에다 한 학자의 70평생을 뛰어난 문장으로 빠짐없이 소개한 뒤 말미에 시 몇 구절로 압축시켜 놓았다. 뺄 것도 더 보탤 것도 없는 명문이다.

舫山 許薰(1836~1907)은 아우인 性山 許魯(煥)와 旺山 許蔿가 義兵 등의 抗日운동에 앞장서서 활동하는 동안 전 재산을 털어 후원하면서도 자신은 평생을 은둔하면서 학문에만 힘을 쏟았던 유학자였다.

墓道碑

舫山은 茶山 丁若鏞이 세상을 떠난 해인 1836년 4월 14일 善山 林隱里(현 慶北 龜尾시 林隱동)에서 태어났다. 전통 유학자 집안이었던 그의 가문이 林隱에 옮겨와 살기 시작했던 것은 曾祖인 不孤軒 許暾(贈副提學) 代부터라고 알려져 오고 있다.

어려서부터 당대에 글씨로 명성을 떨쳤던 祖父 太初堂 許悳(進士)의 총애를 받으며 할아버지에게서 글을 배운 舫山은 벌써 5세 때 梅花를 보고 '爾爲百花宗'(너는 모든 꽃의 으뜸이다)이란 글을 지어 집안의 기대를 모아 '道文'(도덕과 문장)이란 字를 얻었으리만큼 총명한 자질을 타고 났다. 10세 때는 벌써 詩經·書經의 심오한 뜻을 깨달았고 12세 때는 '時局對策文'을 지었다고 한다(家狀).

覽德亭

　16세 때는 당시 嶺南의 이름높은 선비였던 海蓮 李鳳基의 사위가
되어 舫山은 장인으로부터도 많은 영향을 받았다고 전하고 있다.
　舫山이 스승인 性齋 許傳(1797~1886)을 처음 만난 것은 性齋가
67세, 그가 29세 때인 1864년. 그는 性齋에게서 학문을 배우면서도
尙州에 살고 있던 溪堂 柳疇睦을 찾아가 학문을 익히고 토론했다.
退溪→鶴峰 金誠一→西山 金興洛으로 이어지는 학통과는 또 다른 계
통인 西厓 柳成龍의 후손 溪堂과의 만남은 특이한 느낌을 주는 것이
사실이지만 舫山이 훗날 退溪 연원이 屛派(西厓 柳成龍系)와 虎派
(鶴峰 金誠一系)로 나뉘어져 시비를 다툴 때 "지금 邪說이 횡행하는
날에 같은 退溪 연원에서 서로 적대시하는 것은 불가하다"고 조정하
려 노력했었다는 기록에서도 그의 편견 없는 학문탐구의 정신의 일
단을 엿볼 수 있다.
　그러나 舫山은 溪堂을 찾아가 학문을 닦기는 했어도 자신이 性齋
許傳의 제자임을 명백하게 밝히고 있다.
　"退溪의 학통이 寒崗(鄭逑) 眉叟(許穆)에 이르러 詩書를 力倡하고
星湖(李瀷), 順庵(安鼎福), 下廬(黃德吉)를 거쳐 性齋(許傳)에 傳했
는데 나는 실로 그의 門을 두드렸다."「性齋先生輓」에서 舫山은 자신
이 實學者계열인 星湖학파의 계통을 이은 性齋의 제자임을 확인하고
있다. 舫山은 학문을 닦을수록 벼슬에는 뜻을 두지 않고 안으로 自
己省察에만 전심했다.

航山의 스승 性齋 許傳이 쓴 芝泉精舍記

32세 때(1867)는 가족을 이끌고 開寧 芝泉(현 金陵군 南면 金烏山 後麓)으로 들어가 覽輝亭을 짓고 10여 년 동안 杜門不出하면서 학문에만 몰두, 학자로서 대성할 기초를 마련했다. 그는 고요히 그곳에 거처하면서 밤낮으로 부지런히 글을 읽었다. 「尙書」, 「論語」, 「禮記」, 등 經書는 자기 말처럼 외고 諸子百家의 말들은 글을 지을 때나 言論할때 마치 자기 주머니에 든 물건을 끄집어내는 것처럼 쉽사리 인용했다"(墓碑銘)는 것은 바로 航山이 이곳에서 얼마나 부지런히 학문에 힘을 기울였었나 하는 것을 알려 주고 있다.

"학문하는 방법은 조심하는 생각을 가지는 데 있으니 밖으로는 의관을 정제하고 언동을 엄숙히 하며 안으로 마음가짐을 專一하게 하는 것이 곧 그것이다." 늘 이렇게 자신의 학문하는 태도를 밝혔던 航山은 '敬敵千邪 誠消萬僞'(고심하는 것은 모든 邪惡을 當敵하게 하고, 정성스러운 것은 모든 詐僞를 消滅시킨다)라는 여덟 자를 써서 좌우명으로 삼고 학문에 정진했다.

航山은 또 매일 '平生風雨夜 臥念名節難'(험난한 한 평생을 살아가자니 이름·절개지키기 어려움구나)이란 詩句를 외면서 스스로를 경계하며 지냈다고 한다.

그의 나이 59세 때, 즉 甲午혁명이 일어난 1894년 그보다 28세나 나이가 어렸던 31세 난 청년 韋庵 張志淵이 그에게 오늘과 같은 난국에 管仲과 諸葛亮이 되어 주기를 청하는 편지를 보낸 적이 있었다. 그때 舫山은 張志淵에게 이렇게 답장을 써 보냈다.

"桓公과 昭烈이 없었더라면 管仲과 諸葛亮이 어찌 그 같은 사업을 능히 할 수 있었을 것인가. 만일 일할 수 있는 처지에서 국운과 天時를 핑계하고 兪扁(兪跗와 扁鵲)의 손을 내밀어 시국을 구출하지 않는다면 그것은 실로 管葛에게 죄인이 되겠지마는 병자가 약먹는 것을 원하지 않고, 문을 닫고서 의사를 물리친다면 兪跗 扁鵲인들 어찌할 것이며 또 지금 세상에 인물이 묘연해져 管仲 諸葛 같은 기이한 인재를 찾을 길조차 없지 않은가."(文集卷5) 舫山의 시국에 대한 처신은 이처럼 이름과 절개를 지켜 가는 데 엄격하게 국한되어 있다.

그러나 그의 아우들은 달랐다. 그보다 19세나 손아래인 막내아우 旺山 許蔿는 1895년 국모가 시해된 乙未사변이 일어나자 義兵을 일으켜 구국운동의 선봉장으로 활약했다. 뒤이어 둘째아우인 性山 許魯도 의병운동에 앞장섰다. 자신의 전 재산이나 다름없는 토지 3천 여 두락을 팔아 아우들의 의병운동 자금으로 내어 준 舫山은 그들에게 "盡心竭力하여 나라의 危局을 건져야 한다"고 당부하고는 青松 廣德里(현 青松군 眞寶면 廣德동)로 이주했다.

69세 때는 뜻하지도 않았던 벼슬인 慶基殿 參奉에 제수됐으나 나아가지 않았다.

"가진 거라곤 詩書千卷뿐

언제나 우리 형제 같이 앉을고"(長物詩書千軸在 何時兄弟一床連)

71세 때 眞寶의 飛鳳山 아래 覽德亭을 짓고 아우들을 생각하며 늘 사색에 잠겨 있던 舫山은 그 이듬해 屛山書院과 陶山書院 원장에 추대되자 "兩院은 나의 一生의 歸依處이니 어찌 一行을 사양하랴"고 기꺼이 수락한 뒤 노구를 이끌고 가서 제향을 끝내고는 돌아오는 길로 병을 얻어 그 해 8월 23일 숨을 거두었다.

舫山의 뜻을 이어 抗日 구국운동에 앞장섰던 아우 旺山은 海牙밀사사건으로 高宗이 폐위된 1907년 다시 의병을 일으켜 싸우다가 체포되어 그 해 10월 20일 끝내 교수대의 이슬로 사라졌다. 또 性山도 旺山과 함께 의병운동에 참여했다가 國恥 후 61세의 나이로 아우

旺山의 遺子들을 이끌고 滿洲로 망명, 扶民團의 초대 단장으로 독립 운동에 진력하다가 90세로 만주 땅에서 숨졌다.

航山은 「四七管見」, 「心說」, 「大學講義」, 「箚疑」, 「先天圖總論」, 「深衣玉藻辨說」 등 수많은 저술을 남겼다. 그는 또 8백 25수나 되는 詩를 남겼을 정도로 大文章家이기도 했다. 그는 특히 자연을 사랑했던 학자로서 「西遊錄」, 「東遊錄」, 「金烏山記」, 「周王山記」, 「東海日出記」 등은 명문으로 이름난 여행기들이다.

航山은 退溪의 학설을 옹호함으로써 韓末에 속출했던 여러 학설들을 退溪에게 다시 수렴시키려는 강한 의지를 보여 준다. 退溪의 학설에 어긋나는 것은 모두 옆길(旁岐)이며 굽은 길(曲徑)이라고 믿고 있다.

"그의 학문은 스승(性齋 許傳)의 풀뭇간에서 갈고 닦아서 陶(退溪)를 거쳐 建(朱子)에 다다르고 洛(程子)을 거슬러 洙(孔子)에 이른다."'航山先生墓碣銘'에서 拓庵 金道和가 쓴 것은 바로 航山의 이런 학문적 노선을 명확하게 지적하고 있는 것이리라.

제5부
기　타

溪堂　柳疇睦

年譜

字 叔斌, 號 溪堂, 貫 豊山, 父 柳厚祚, 母 延安李氏, 配 順天
朴氏.

1813년(純祖13년)＝8월 20일 尙州 愚川里(현 慶北 尙州군 中東
面 于勿리)에서 출생.

1834년(22세)＝祖父(江皐 柳尋春)喪. 「四勿後箴」,「敬齋後箴」지음.

1835년(23세)＝初試에 합격.

1843년(31세)＝漢城試(覆試)에 응시했으나 불합격. 柴里에 居然
齋를 짓고 학문에 몰두.

1854년(42세)＝이해부터 50세까지 「全禮類輯」, 「甲乙大一統」
(朝野約全), 「四七論辨」, 「海東譜」 저술.

1865년(53세)＝母喪.

1866년(54세)＝丙寅洋擾 때 향리에서 擧義했으나 출발 직전 賊이
퇴각했다는 소식을 듣고 중지.

1S67년(55세)＝童蒙敎官에 임명됐으나 나가지 않음.

1868년(56세)＝掌樂院主簿・公忠都事에 임명됐으나 사임하고
溪亭에서 講學.

1872년(60세)＝4월 22일 세상을 떠남.

思 想

溪堂 柳疇睦은 西厓 柳成龍의 9대손으로 退溪학통을 계승하는 家學을 祖父 江臯 柳尋春에게서 이어받았다. 그가 20대에 「四勿後箴」과 「敬齋後箴」을 지었던 사실도 敬을 지키는 退溪학풍의 道學的 修養論에 힘쓰고 있음을 보여준다.

그의 학문적 체계는 經學과 禮學을 두 기둥으로 삼고 있는 것이다. "經典을 窮究하지 않으면 大本이 세워지지 않고, 禮制에 通達하지 않으면 節文이 갖추어지지 않는다"라는 규정에서도 經典의 이념적 기준을 근본으로 하고 禮制의 행위적 양식을 절차로 하는 학문체계의 구성을 밝혀준다.

그의 經學은 그 배경으로서 「小學」을 篤信하고 「心經」과 「近思錄」을 尊尙하면서 經典의 뜻을 발휘하는 것이었다. 「溪亭講會節目」에서도 "小學은 大學의 근본이라"하고 "小學을 익히지 않으면 사람을 이룰 수 없으며, 小學을 읽지 않고는 大學을 읽을 수 없다"한다. 그만큼 小學의 생활규범적 德目의 실천적 기초를 강조하는 것이다.

그는 禮學에 매우 깊은 관심을 기울였다. 그는 禮를 자신을 다스리고 나라를 경영하는 근본(治身爲國之本)이라
규정한다. "자신을 禮로 다스리지 않으면 몸과 마음이 理致를 따라서 德을 이룰 수 없으며, 나라를 禮로 경영하지 않으면 上下의 모든 일이 자리를 바로잡아 다스림을 이룰 수 없다"라는 언급에서도 禮가 개인의 인격형성이나 사회의 통치 질서에 기준이 되고 있음을 역설하고 있다.

그는 儒敎儀禮를 총집성하고 정리하여 「全禮類輯」을 편찬하였다. 이 「全禮類輯」은 國朝五禮儀 · 國朝續五禮儀 · 文獻備考 등에 근거하여 국가의 禮로서 五禮와 鄕射禮 · 鄕飮酒禮 등 鄕禮를 정리한 것이 40권이고, 家禮로서 冠 · 婚 · 喪 · 祭의 四禮를 정리한 것이 38권에 이르는 방대하고 정밀한 禮學의 집대성이다.

또한 그는 성리학에 있어서도 기존의 업적들을 정리하여 편찬한 「四

「七論辨」을 전해준다. 여기서 그는 退溪에서 立齋 鄭宗魯에 이르는 嶺南학맥과 栗谷에서 魏巖 李柬에 이르는 畿湖학맥의 四七論을 중심으로 하는 성리설의 논변들을 선정하여 韓國性理學史 자료집의 성격을 띤 문헌을 편찬한 것이다.

그의 성리설은 理氣互發說의 입장에 선다. "理가 발동하는 것은 불이 타오르고 샘이 흘러나오는 것과 같고, 氣가 발동하는 것은 예리한 창끝이나 사나운 말과 같으니, 理는 길러서 충실하게 할 수 있지만 氣는 억제하여 알맞게 해야 한다"고 언급한다.

곧 理發說이나 氣發說을 논리적으로 분석하는 관심이 아니라 理는 開發되고 氣는 統制되어야 할 대상이며 그 주체로서 인간과의 관계 속에서 理氣개념을 해명하고 있는 것이다.

溪堂은 평생 草野에서 講學에 전념하였지만 그의 家系는 부친이 左議政을 지내는 등 嶺南人으로 드물게 顯職을 누렸다. 따라서 정치 형세에도 깊은 이해를 가져 宣祖에서 純祖사이의 黨爭史자료를 정리하여 「朝埜約全」을 편찬하기도 한다. 여기서도 事端·經說·禮說에 있어서 논쟁쌍방의 주장을 자료로 충실히 수집하여 제시해 주고 있다. 이 黨爭史자료를 「甲乙大一統」이라 한 것은 그가 끝없이 분열하는 黨論의 극복을 지향하고 있음을 의미한다.

또한 그는 祖父의 미완성 저술로서 王世子를 위한 訓戒集인 「東宮輔翼篇」을 완성시키기도 하며, 相臣이 된 부친을 위해 「古相臣古事奏議」를 드리기도 하고 門人 柳道洙가 편찬한 「相鑑博議」를 드려 부친의 相臣職에 참고가 되기를 도모한다. 이처럼 그는 山林에서도 조정의 사정에 많은 관심을 기울였던만큼 經世論에 있어서 상당한 이해와 주장을 밝힌다.

그가 부친을 대신하여 지었던 「擬上六條疏」에서는 ① 聖學을 부지런히 할 것 ② 邪敎를 엄격히 금할 것 ③ 어진 인재를 얻을 것 ④ 武備를 닦을 것 ⑤ 관직을 맑게 할 것 ⑥ 백성의 뜻을 안정시킬 것을 제시한다. 여기에 덧붙여 그는 言路의 중요성을 정치질서의 기반이요 전제로서 강조하였다. 그는 정부에 대한 言路의 성격을 地下水에 비유하고 있다. "물은 막을 수 있지만 水脈은 끊을 수 없으며, 사람의 입은 막을 수 있어도 사람의 마음을 복속시킬 수는 없다"라고 언급한다. 곧 말이 옳지 않으면 채용하지 않을 뿐이요, 위엄으로 누르거나 법으로 죄를 주어서는 안 된다는 것이다. 言路가 병들고선 세상을 바로잡을 수 있는 길이 없음을 절실히 지적하고 있다.

비록 자신이 관직에 나가지 않았지만 溪堂의 학문규모는 禮學이나 經世論에서 국가의 일을 내포하고 있다. 성리학의 방대한 집성을 보이기도 하지만 그의 학문방법은 小學의 일상적 실천성을 근본으로 하고 있다는 데에 바로 그의 道學이 지닌 특성이 있다.

行蹟

두 江줄기가 마주치는 合水지점 부근에서 큰 학자들이 많이 나온다는 사실은 퍽 흥미 있는 일이다.

茶山 丁若鏞의 고향인 馬峴은 北漢江과 南漢江이 마주치는 곳이다. 바로 그 江을 사이에 두고 건너편 歸與리에서는 雲養 金允植이 태어났다. 省齋 柳重教·恒窩 柳重岳·毅菴 柳麟錫이 태어난 柯亭리는 洪川江과 北漢江이 합류되는 지점이다. 이밖에도 예를 들자면 한이 없다.

유학의 본향인 嶺南지방에서 韓末의 대표적인 대학자로 일컬어지는 溪堂 柳疇睦(1813~1872)이 태어난 곳도 역시 大邱 八空山에서 흘러 내리는 渭江이 洛東江본류와 합쳐지는 지역이다.

慶北 尙州군 中東면 于勿리—.

尙州에서 40리 남짓 떨어져 있는 '우무실'이라고 불리는 이 洛東江 邊 마을에서 溪堂은 태어났다. 지금도 그대로 남아 있는 큼직한 그의 生家 대청위에 올라서면 두 산자락 사이로 洛東江의 푸른 물줄기와 흰모래벌이 그대로 한눈에 들어온다.

溪堂은 경상도의 제일가는 名門인 西厓 柳成龍의 9代孫으로 태어났다. 西厓의 셋째아들 修巖 柳袗이 이곳 尙州에 옮겨와 살면서 豊山柳씨의 '愚川派'를 이루었는데 이 가문에서는 유명한 학자들과 높은 관직을 지낸 인물들이 대대로 그치지 않고 이어졌다.

저명한 학자인 江臯 柳尋春은 그의 할아버지였고 西厓이후 嶺南에서 두 번째 재상에 오른 洛坡 柳厚祚는 바로 그의 아버지였다.

이런 家系로 보나 자신의 자질로 보아 溪堂은 벼슬길에 나설 수도 있었고 실제로 여러 차례 권고도 받았지만 끝내 물리치고 일생을 이곳에 묻혀 저술과 강학으로만 일생을 마친 인물이다.

가문이 끊임없이 왕의 은혜를 입었고 退溪의 문인인 西厓의 학통을 家學으로 이어받은 '世臣의 집'에서 태어난 溪堂의 학문적 태도는 독창적이라기보다는 家學의 전통을 충실히 이행하는데 기울어질 수밖에 없었다. 따라서 溪堂은 유학을 종합정리, 집대성하는 전통의 계승자·교육자로서의 두드러진 면모를 드러내고 있다.

"江臯는 물론 재상까지 지낸 洛坡의 묘소에도 상석이나 비석은 물론이고 위토 한평도 없습니다. 甲午年 東學亂 때 집이 무사했던 것도 이렇게 청렴했던 조상들 덕이라고 생각돼요."

溪堂의 生家(慶北 尙州郡 中東面 于勿里)

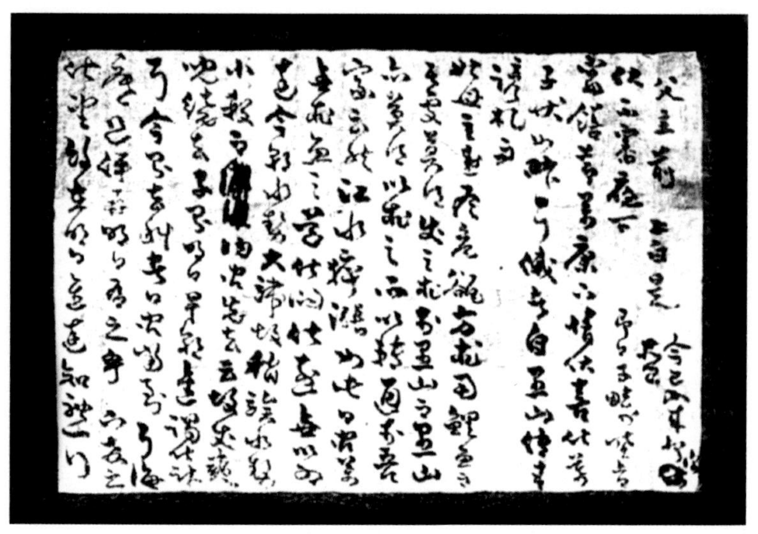

溪堂의 遺墨(父親 柳厚祚에게 보낸 편지)

溪堂의 四代孫인 柳時浣옹(71·尙州書堂운영·尙州읍 西城동44)은 '큰댁', '대감댁'이라고 불렸으면서도 근검했던 집안이었다는 것을 이렇게 설명하면서 조상들이 남긴 유물들을 소개했다.

9백 89종 3천 5백 65冊이나 되는 방대한 '愚川藏書' 가운데는 西厓가 成均館大司成을 지낼 때 왕으로부터 하사받은 內賜本「靖節集」(2冊) 등 희귀본 고서들이 아직 그대로 전해져 오고 있다. 그중에서도 溪堂이 부친에게 보낸 서한들과 洛坡가 淸나라에 閔妃의 간택을 알리는 使臣으로 갈 때 金左根 등 대신들이 써준 축하시들을 엮어 놓은「燕行贈帖」이 눈길을 끈다. 60년전 士林에서 목판으로 간행했던「溪堂先生文集」板刻도 잘 보관되어 있다.

"壽를 못하셔서 그렇지 門人이 3백 20여명이나 됩니다. 慶南·北에 제자 없는 고을이 없어요. 忠淸道에서도 왔으니까요."

溪堂은 아버지가 左議政으로 있고 아들 道奭이 慈仁縣監으로 봉직하고 있어도 의연하게 선비의 자리를 지켜 '가실'(柴里) 동쪽 맑은 개울가에 居然齋를 짓고 그곳에서 연구와 수양에 정진하면서 오직 찾아오는 제자들을 가르치기에 힘썼다. 生家에서 동쪽으로 2km쯤 떨어져 있는 渭江가 솔밭에는 30여 년 전 헐려버린 居然齋 옛터만 남아있다.

22세 때 스승이자 할아버지였던 江皐를 여의고 홀로 학업에 정진했던 溪堂은 1842년 鄕試에 합격한 뒤 그 다음해에 覆試인 漢城試에 응시했다가 낙방의 고배를 마셨다. 이때 試官이 부친을 잘 아는 사람이어서 試紙에 號를 써두라고 귀띔해 주었어도 못들은 척 해버렸기 때문에 떨어졌다는 이야기가 行狀에 실려 있다. 不義와 타협할 줄 모르는 溪堂의 성격을 잘 드러내주는 이야기다.

溪堂은 또 어렸을 때부터 邪敎와 미신을 철저하게 배척하는 대담한 태도를 보여준다. 집 근처에 예부터 전해오는 작은 佛像 하나가 있었다. 마을사람들이 이곳에 와서 푸닥거리를 하는 것을 보고는 그 불상을 강물에 던져버렸다는 이야기나 집 뒷산 솔밭 옛무덤에서 귀신이 나온다는 소문을 듣고 한밤중에 무덤 사이에 앉아 배운 글귀를 암송했다는 이야기 등은 溪堂의 성품이 다른 학자들처럼 나약하지만은 않았다는 것을 알려주고 있다.

"우리는 世臣의 집이라 나라에 일이 있으면 山野處士들과 처신을 같이해서는 안 된다."

8代祖 修巖의 교훈을 잊지 않은 溪堂은 1866년 丙寅洋擾가 일어나자 義兵將으로 추대되었다. 3백여 명의 의병을 모아 막 출발하려던 직전에 적이 퇴각했다는 소식을 듣고 중지했다. 당시 그는 모친의 喪中이었으므로 喪人이 군사행동에 나섰다는 儒林의 비난을 면치 못했으나 "나라의 은혜가 두터운 우리집안이 참으로 털끝만큼의 보답이라도 된다면 어찌 喪制를 지킨다고 사양할 수 있겠느냐"는 부친의 간곡한 권고를 따른 것이라고 전한다.

溪堂의 門人인 一山 李鐸韶의 「一山集」에는 이때의 일들을 「尙義軍事實」이라 하여 상세하게 기록해 놓고 있다.

丙寅洋擾는 溪堂에게 단순한 外侵으로만 받아들여진 것이 아니라 異端이 儒學을 혼란시키는 위기로 인식되었다. 이 사건이 그만큼 그에게는 중대사였다.

"異端이라는 것은 안으로는 옳바른 敎를 어지럽히고 밖으로는 異類들과 교통하게 한다"고 규정한 溪堂은 "임금이나 재상이나 재야의 군자는 반드시 異端을 물리치는 것을 제1등 義諦로 삼아야 한다"고 역설했다. 「擬六條疏」

그는 외국인들이 남의 나라 수도 인근 江에까지 올라오는 사태는 국내에 있는 邪敎徒들이 그들과 내통한 때문이라고까지 생각하고 있었다.

42세 때인 1854년부터 10여 년 동안 溪堂은 居然齋에 들어앉아 저술에 몰두했다.

退溪·高峰의 논변을 비롯, 畿湖학파의 栗谷·尤庵·澤堂·炭翁·同春 등 10 여명과 嶺南학파의 葛庵·拙齋·愚潭·息山·白湖·大山 등 10여명의 성리학 논변을 모아놓은 「四七論辨」, 朝鮮시대의 黨爭史를 총정리 해놓은 「朝野約全」, 禮說을 집대성한 「全禮類輯」은 溪堂이 이 기간동안 심혈을 기울여 저술한 노작들이다.

이 저술들은 독창적인 것은 아니지만 개인의 의견을 개입시키지 않고 박학을 토대로 모든 학설과 사실을 종합집대성한 충실한 자료집이란 점에서 오히려 크게 평가받고 있다.

55세 때인 1867년부터 그 다음해인 1868년 사이에 그에게는 童蒙敎官·掌樂院主簿·公忠都事등의 벼슬이 제수됐다. 그러나 溪堂은 벼슬길에 나가지 않고 계속 居然齋에서 「小學」을 강학하다가 1872년 病을 얻어 60세를 일기로 부친보다도 먼저 세상을 떠났다.

溪堂은 앓는 중에도 諸葛亮의 「出師表」를 늘 외고 있었다고 한다. 특히 '어진 신하를 친히 하고 소인을 멀리해야 한다'는 대목에 와서는 소리를 높여 외면서 "나라를 생각하면 저절로 우울해지는데 이 구절을 외면 그래도 마음이 위로가 된다"고 되뇌었다. 그는 서울에 가있는 연로한 부친 생각에 어린아이처럼 흐느끼면서 눈을 감았다.

"증조부·조부·부친이 모두 고조부의 문집을 간행하려 하시다가 뜻을 이루지 못하시고 돌아가셨어요. 지난해 「溪堂全集」이 간행되어 집에 문집을 가져왔을 때 눈물이 핑 돌았읍니다. 지난해로 고조부가 돌아가신지 꼭 1백 13년이 됩니다. 4대 1백 13년만에야 문집이 나온 셈이에요."

　종손인 柳時浣 옹은 고조부처럼 일생을 교육에만 종사하다가 敎育長을 거쳐 尙州중학교장으로 정년퇴임, 지금은 3년째 尙州書堂에서 한문을 가르치고 있다.

　柳옹의 부친인 故柳祐國씨는 중국에서 독립운동을 벌여 전국포장까지 받은 독립투사였다. 西厓에서부터 비롯된 한 가문의 전통이 이렇게 면면히 이어져 오기도 결코 쉬운 일은 아닌 것이다.

深齋　曺兢燮

年譜

1873년(高宗 10)＝12월 3일 昌寧 光德山下 聞村里(현 慶南昌寧郡 高岩면 元村리)에서 昌寧曺氏 柄義의 아들로 출생.

1883년(11세)＝연초 10일 동안에 「近思錄」을 謄書.

1889년(17세)＝靈川에서 강학하던 俛宇 郭鍾錫을 찾아가 太極·性理 등의 문제에 관해 질문하고 토론함.

1891년(19세)＝大邱에서 열린 鄕試를 치르고 돌아오는 길에 晚求 李種杞를 방문.

1892년(20세)＝四未軒 張福樞를 방문.

1893년(21세)＝安東 金溪講席에서 西山 金興洛을 만남.

1895년(23세)＝「南冥集」重刊하는 일(校正)로 德山에 가서 선배들과 교유.

1898년(26세)＝四書의 의심나는 점을 묻기 의해 西山을 다시 만남.

1910년(38세)＝「困言」을 지음.

1911년(39세)＝父親喪. 「居貧解」 지음.

1912년(40세)＝「性尊心卑辨」 지음.

1914년(42세)＝琵瑟山 북쪽 鼎山(현 慶北 達城군 嘉昌면 亭垈리) 속으로 이거. 許元栻의 「三元堂集」 서문을 지음. 「三元堂集」 서문에서 勉庵 崔益鉉을 비난한 것이 말썽이 되어 老論과 논쟁.

1915년(43세)＝壽峰 文樸과 北遊, 서울·開城·平壤·安市城 등지
　　에 다녀옴.
1918년(46세)＝鼎山書堂 준공.
1919년(47세)＝日本總督과 同胞大衆에게 보내는 글을 草하다 17일
　　간 구속됨.
1928년(56세)＝雙溪(현 慶北 達城군 瑜伽면 雙溪리)로 이거.
1930년(58세)＝龜溪書堂 준공.
1933년(61세)＝5월 29일 雙溪에서 죽음.

思 想

　深齋 曺兢燮은 17세 때 寒洲학파를 계승하고 있는 碩學인 俛宇 郭
鍾錫을 찾아가 太極·性理 등의 문제에 관해 질문하고 토론하면서
俛宇와 학설상 견해를 달리하였던 사실은 그의 학문적 기초가 남달
리 일찍부터 확립되었음을 보여 준다.

　그는 20세 전후하여 당시 嶺南의 대표적 巨儒인 晩求 李鍾杞, 四
未軒 張福樞, 西山 金興洛을 차례로 방문하였고 특히 西山을 두 번
찾아 問學하여 그 학맥에 연결시키고 있다. 그러나 深齋의 학문적
성장과정은 독자적 노력에 따라 嶺南학풍의 正統에 도달한 것이며
오히려 俛宇와의 토론을 통해 이론이 더욱 정밀하게 연마된 것으로
보인다.

　深齋의 性理學的 입장은 그가 20세 때(1892) 寒洲 李震相의 「心
卽理說」을 17조목으로 분석하여 비판한 「讀心卽理說」에서 드러난다.
寒洲는 사람의 마음을 玉의 原石에다 비유하였다. 玉의 原石은 玉이
돌 속에 감추어져 있으나 그것을 玉이라 해야지 돌이라 할 수 없는
것처럼 마음에서 理가 氣 속에 감추어져 있으니 마음을 氣라 할 것
이 아니고 理라 하여야 한다는 것이다. 이에 대해 深齋는 玉의 비유
에서 玉은 돌을 갈아 내고 순수하게 玉만 남겨야 할 것이지만 마음

은 理와 氣가 결합된 것으로서 氣를 제거시키면 마음도 존재할 수 없는 것이므로 비유가 적절하지 못함을 비판하였다.

그는 「心問」(1916)에서 자신의 心개념을 체계적으로 제시하고 있다. 곧 그는 마음을 수레(車)에 비유하였다. 수레에서 짐을 싣거나 운반하는 기능은 理요, 수레를 만든 재료는 氣에 해당한다. 따라서 그는 수레를 기능만으로 보거나 재료만으로 볼 수 없는 것처럼 心卽氣說 혹은 心卽理說의 입장을 거부하였다. 그는 마음을 氣와 理의 결합으로 보는 입장(心合理氣說)이 타당함을 인정하면서도 나아가 理나 氣로서가 아니라 직접 '마음'이라 일컫는 것이 확실함을 강조하였다.

여기서 또한 그는 마음을 죽(粥)에 비유하여 죽을 쌀이라거나 물이라고만 설명하는 것은 적절하지 못하며, 나아가 쌀과 물의 결합이라는 설명보다는 쌀도 아니고 물도 아닌 죽이라 일컫는 것이 적절한 것처럼 마음을 理나 氣로 분해 시키는 것을 반대한다. 곧 그는 인간의 마음이 理와 氣로 구성되어 있음을 인정하면서도 구성 요소에 의해 분해 될 수 없는 마음의 자율성 내지 고유성을 중요시하는 통일적인 파악을 강조하고 있는 것이다.

深齋는 心卽氣說에 서 있는 艮齋 田愚의 입장도 비판하여 「性尊心卑辨」 및 「性尊心卑的據辨」을 저술하였다. 艮齋는 理와 일치되는 性을 존중하고 상대적으로 氣에 해당되는 心을 卑下시켜 性과 心을 父·子 또는 師·弟로 비유하고 있다. 이에 대해서 深齋는 마음을 온몸의 주인이요, 모든 이치의 오묘함(心者百體之主, 而衆理之所妙也)이라 하여 존경하고, 하늘을 받들어 모든 관료를 거느리고 백성을 다스리는 임금에 비유하였다. 곧 艮齋가 性師心弟說을 내세운 것에 상응하여 深齋는 性天心君說의 입장을 보여 주는 것이라 할 수 있다.

性을 心보다 높여져 상대적으로 心을 비하시키는 艮齋의 평가에 정면으로 반대한 것은 心을 존중하여 性도 존중함으로써 권위적이고 지배적 규범체계를 벗어나 향상적이고 근원적인 가치의 세계를 구축하려는 입장이다. 따라서 그는 본성을 존중하여 마음을 비하시킬 것이 아니라 마음을 존엄히 하여 본성을 존중할 것(嚴其心乃所以尊其性)이요, 마음을 귀중히 하여 신체를 비천하게 여길 것이 아니라 신체를 존중하여 마음을 존귀하게 할 것(重其身乃所以貴其心也)이라 강조하였다.

深齋는 朱子의 「敬齋箴」에 상응하여 「擬義齋箴」을 지었던 사실에서 義理에 관심을 지녔고, 入山自靜의 은둔생활을 한 것도 그의 시대에 대처하는 의리를 보여 주는 것이다. 또한 그는 당시의 개화론이나 서구적 근대 질서에 대해 상당히 폭넓은 지식을 가지면서도 비판적 입장으로 일관하고 있다. 이것은 그의 保守的 성격을 보여 주는 것이라 하겠지만 동시에 道學의 전통이라는 시각에서 근대 문물에 대한 인식내용을 엿볼 수 있게 한다. 「困言」(1910)에서 事功이나 新奇를 숭상하는 태도의 천박성을 비판하였으며 康有爲의 變法思想에 대해 利害로써 是非를 결정하는 禽獸의 도리라 비난하면서 是非로써 利害를 삼는 道學의 입장을 내세웠다.

또한 權利를 중시하는 근대적 의식은 투쟁심을 지속시켜 평화로움이 불가능함을 지적하고 자신을 사랑하는 마음으로 남을 사랑하는 (以愛己之心愛人) 辭讓의 德을 가정에서 天下에 이르기까지 평화를 이룰 수 있는 원리로 제시하고 있다.

그는 「非共和論」에서 歐美의 共和制가 백년밖에 안 되고 상승세를 타고 있어 그 법도가 지지할 만하지만 漢唐이나 殷周처럼 오래 되면 그 혼란을 막을 수 없을 것이라 지적하고 大統領의 선출을 투표수의 多寡로 결정하는 것에도 헛된 명예로 大衆을 얻는 자가 있음을 들어서 부정적 입장을 보인다.

深齋는 「順天解」에서 보편의 원리로서 天理와 현실적 추세로서 天運을 들고 둘 다 따를 수 없다면 天運에 어긋나더라도 天理를 따르는 것이 선비로서 할 일이라 지적하고 있는 것처럼 그 자신이 시대의 적응에 한계가 있음을 인식하면서 영원한 보편적 진리로서 道學에 대한 신념 속에 살았던 것이다.

行蹟

"孔子가 칭찬한 堯임금의 집은 띠풀로 지붕을 잇고, 그 가장자리도 고르게 자르지 못한 집이었고, 그의 백성은 밭갈아 먹고, 우물을 파서 마시며, 해 뜨면 나가서 일하고, 해지면 들어와 쉴 따름이었다. 그런데 요즘 뉴욕에 다녀온 사람은 마치 하느님을 뵌 듯, 런던에서 놀다온 사람은 마치 바다에 들어가 龍을 본 듯 넋이 빠져 큰소리로 칭찬하면서 '文明하다. 문명하다' 한다. 슬프다. 어찌 孔子의 견해와 이렇게도 다른가."

韓半島의 남녘 琵瑟山 속에 은거하던 道學者 深齋 曺兢燮(1873~ 1933)은 외래문물을 정신없이 추종하려고만 드는 당시의 혼란했던 사회풍조를 안타깝게 지켜보면서 이렇게 적고 있다.

서양문명의 외형적인 것에만 너무 사로잡혀 있다는 深齋의 이런 비판을 우리는 까맣게 잊고 있었다. 朝鮮朝 5백년의 사상적 순결성을 지켜온 전통 유학자의 시대 역행적인 발언으로 무시해 버렸다는 것이 더 걸맞은 표현인지도 모른다. 그러나 深齋는 역사적 변화를 내재적으로 전혀 극복할 수 없었던 옹고집 유학자는 아니었다. 深齋는 선천적으로 타고난 끝없는 학구열을 가지고 외래사상까지 연구, 이를 비판할 수 있었던 전통 유학자의 한 사람이었다는 것을 기억해 둘 필요가 있다.

高宗 10년(1873) 지금의 慶南 昌寧군 高岩면 元村리에서 태어난 深齋는 벌써 11살 때 어른들도 좀처럼 손대기 어려운 「近思錄」을 10일 만에 베껴 쓰는 뛰어난 글재주를 보였다.

17살 때는 당시 嶺南의 巨儒였던 俛宇 郭鍾錫을 찾아가 토론을 벌였는데, 그때 이미 44살이었던 俛宇가 '몇 백 년 만에야 나올 수 있는 인재'라고 감탄했다는 것을 보면 深齋의 뛰어난 학문적 재질을 짐작해 볼 수 있다.

뒤이어 19살 때부터 晩求 李鍾杞(定齋 柳致明의 문인), 四未軒 張福樞, 西山 金興洛 등 그 지역의 巨儒들을 찾아가 深齋는 자신의 학문적 궁금증을 풀었고 유학자로서의 기반을 탄탄하게 다져 갔다.

"深齋선생은 분명히 西山淵源입니다. 俛宇와는 성리설이 조금 달랐고 四未軒 문인이라고 볼 수도 없어요. 위낙 뛰어난 학자였기 때문에 여기저기서 자기네 문인으로 끌어들이려 했던 것은 틀림없는 사실입니다."

深齋와는 둘도 없는 막역한 친구였던 壽峯 文樸(1880~1930)의 아들로 曺圭哲(지난해 작고한 漢學者)과 함께 深齋에게서 글을 배운 文晋采옹(79·慶北 達城군 花園면 본리 1동)의 이야기를 들으면 深齋는 분명히 西山 연원이다.

그러나 深齋의 방대한 문집인 「深齋集」(전집 31권·속집 10권)에는 그가 26살 때 「四書」에 대해 의문 나는 점을 물은 데(四書問目) 답한 西山의 편지 한 장만이 실려 있고, 오히려 俛宇와 성리설을 토론한 서한이 많이 실려 있는 것을 보면 深齋는 크게 스승에게 구애되지 않고 독자적인 학문세계를 구축해 나갔던 것 같다. 深齋가 韓末 지식인 가운데 梅泉 黃玹(1855~1910), 滄江 金澤榮(1850~0000), 寧齋 李建昌(1852~1898)을 뛰어난 인물로 꼽았다는 사실은 그의 진보적인 사상의 단면을 보여 주는 것이기도 하다.

1910년 合倂소식을 昌寧에서 들은 深齋는 두문불출하면서 아무도 만나지 않았다. 이때 그는 東西學說을 비교, 斷想형식으로 기록한 「困言」이란 저술을 남겼다. 이듬해인 1911년에야 부친의 藥을 구하기 위해 할 수 없이 외출했다는 深齋는 부친의 喪을 당해서도 「禮書」를 공부하고 「居貧解」, 「性尊心卑辨」 등을 짓는 등 학문을 게을리 하지 않았다.

"선비가 이런 세상에 태어나서는 마땅히 깊은 산골짜기에 들어가 나무열매를 따먹고 띠풀옷을 입어 세상과 인연을 끊어야 본연의 수치심을 보존할 수 있다."

喪服을 벗자마자 오직 自靖하는 것만이 선비의 길이라고 믿은 深齋는 琵瑟山 북쪽에 있는 鼎山 속으로 은거해 버렸다. 1만여 권이 넘는 서책이 쌓여 있던 산 너머 壽峯 文樸의 집에 오가며 학문에만 몰두했던 그는 몰려드는 후학을 위해 鼎山書堂을 짓고 강학을 시작했다.

3·1운동의 불길이 치솟던 1919년 3월 深齋는 어떤 사람의 부탁으로 '日本總督과 同胞大衆에게 보내는 글'을 草하다 발각되어 17일 동안 구속되었다가 미수에 그쳤다 해서 겨우 풀려나기도 했다.

감옥에서 돌아온 深齋는 「管寧在遼東」(管寧은 魏나라 사람으로 黃巾賊의 亂 때 요동으로 피난해 강학으로 그곳 사람을 교화시킨 인물)이라 써 붙여 놓고 時事문제에 대해서는 거론도 하지 않았다. 이런 일화는 그가 自靖하려는 뜻을 한층 더 굳혔다는 것을 보여 준다.

1928년 겨울 문인들의 요청으로 鼎山에서 琵瑟山 서쪽 雙溪(현 慶北 達城군 瑜伽면 雙溪리)로 옮긴 深齋는 그곳에 龜溪書堂을 짓고 강학하다가 1933년 61세로 세상을 떠나고 말았다.

"크롬웰 은 임금을 시해한 자이고 나폴레옹은 백성을 괴롭힌 자다."

"문명을 말하는 자들은 자유와 평등을 외치지만 자유와 평등에는 形質의 자유, 평등과 法度의 자유, 평등이 있다. 서양이 추구하고 있는 것은 形質의 자유, 평등이지만 궁극적으로는 우리가 추구하는 法度의 자유, 평등이 더 중요하다."

"적자생존을 주장하는 進化論을 우수한 학설이라고 한다. 그러나 진화론의 원리는 권선징악하는 하늘을 아는 것만 못하고 사람마다 부모를 섬기고 어른을 모셔서 천하를 평화롭게 하는 것만 못하다."

深齋는 그의 저서 「困言」에서 서양 것이 우리 것만 '못하다'는 것을 일일이 예를 들어가며 설명해 놓았다. 그의 생각 속에는 미래에는 서양이 우리보다 더 못해진다는 뚜렷한 신념이 붙박여 있다.

深齋는 일생을 평탄하게만 살았던 인물은 아니다. 儒林內에서 그는 꼭 2번 큼직한 사건을 일으켰다.

勉庵 崔益鉉이 상소를 올려 그것이 興宣大院君을 실각하게 만드는 직접적인 계기가 되자 당시 校理로 있던 三元堂 許元栻이 "임금 외척의 사주를 받아 대원군을 물러나게 했다"고 勉庵을 정면 공격하는 상소를 올린 적이 있다. 深齋는 1914년 바로 그 許元栻의 「三元堂集」 서문을 쓰면서 崔益鉉을 등나무에 빗대어 비꼬고 許元栻을 소나무에 견주어 그 기개를 칭찬했다. 南人학자였던 深齋가 그때까지 세력이

당당했던 老論을 공격한 셈이다. 老論학자들의 공격의 화살은 深齋에게 집중됐고 그들은 深齋를 '老論의 원수'로 여겼다. 또 高宗이 승하했을 때 儒林에서 服을 입자는 의론이 일어나자 深齋는 "자고로 항복한 임금을 위해 服을 입었다는 글은 본 적이 없다"고 異論을 편 적이 있었다. 뒤에 임금이 독살되었다는 소문을 듣고 복을 입기는 했지만 이 일로 그는 한층 더 심한 공박을 받았다.

이 사건은 심지어 여러 해 동안 深齋에게 배우던 문인들까지 師弟之間의 정을 끊었을 정도로 큰 파문을 던졌다. 이 두 사건은 올바른 말도 마음대로 할 수 없었던 당시 儒林의 풍토를 잘 알려 주는 본보기라 할 수 있겠다.

"체구는 자그마했지만 풍모는 당당했다. 수염은 성글었고 얼굴은 넓적했으며 입이 크고 광대뼈가 툭 튀어 나왔다. 눈은 번쩍번쩍 빛이 났고……" 深齋의 行狀에 보이는 그의 얼굴 모습을 묘사한 대목을 읽어 내려가다 보면 직언을 서슴지 않고 솔직 담백했던 그의 성격까지 쉽게 짐작해 볼 수 있다.

深齋는 가정적으로는 퍽 불행한 인물이었다. 5살 때 어머니를 잃은 그는 3男 3女를 두었는데 3男 2女가 모두 그의 생전에 죽는 아픔을 겪어야 했다. 그런 탓인지는 몰라도 그가 강학하던 鼎山書堂, 龜溪書堂은 벌써 오래전에 헐려 버렸다. 현재 그의 고향인 慶南 昌寧군 高岩면 德山 기슭에는 그가 죽은 뒤 문인들이 그를 추모하기 위해 세운 齋室인 德山書堂만이 남아 있고 鼎山에 살 때 10리 남짓한 산길을 넘어 다니며 틈틈이 머물기도 했던 壽峯 文樸의 書室 廣居堂(慶北 達城군 花園면 본리 1동)이 옛 모습을 그대로 보존하고 있을 뿐이다.

"오늘날 애국을 부르짖는 사람은 외국사람에게 배운 다음에라야 나라를 보존할 수 있다고 한다. 그러나 외국사람의 옷을 입고 외국사람의 행동을 하고 외국사람의 정치를 드러내어 좇다가 나라가 망한 지가 이미 오래되었으니 외국을 무조건 따르는 것이 어찌 나라를 사랑하여 보전하는 바가 될 것이냐."

70여 년 전 琵瑟山 속의 道學昔 深齋가 절실하게 물었던 이 물음이

여전히 가슴 속에 와 닿는 것은 아직도 우리가 이 문제에 대한 명확
한 해답을 얻지 못한 채 방황하고 있기 때문이라는 생각이 든다.

德巖書院

深齋가 자주 묵었던 鼻峯文樸의 書院 廣居堂

● 저자 ●

금장태(琴章泰)　서울대 종교학과 졸업
　　　　　　　성균관대 대학원 동양철학과(철학박사)
　　　　　　　현: 서울대 종교학과 교수
　　　　　　　저서: 『퇴계의 삶과 철학』, 『정약용·한국실학의 집대성』,
　　　　　　　　　　『한국의 선비와 선비정신』, 『도와 덕』 외.

고광직(高光稙)　서울대 종교학과 졸업
　　　　　　　한국경제신문사 문화부장·출판국장·논설위원 역임.
　　　　　　　현: 중부대학교 언론정보학과 겸임교수

儒學近百年(2)
● 영남계열의 도학

● 초판 인쇄　　2004년 5월 27일
● 초판 발행　　2004년 5월 31일

● 지 은 이　　금장태·고광직
● 펴 낸 이　　채종준
● 펴 낸 곳　　한국학술정보㈜
　　　　　　　경기도 파주시 교하읍 문발리 538-2
　　　　　　　파주출판문화정보산업단지
　　　　　　　전화　031) 908-3181(대표)·팩스　031) 908-3189
　　　　　　　홈페이지　http://www.kstudy.com
　　　　　　　e-mail(e-Book사업부)　ebook@kstudy.com

● 등　　록　　제일산-115호(2000. 6. 19)
● 가　　격　　22,000원

ISBN　　89-534-1763-5 94150 (Paper Book)
　　　　　89-534-1821-6 94150 (세트)
　　　　　89-534-1764-3 98150 (e-Book)
　　　　　89-534-1822-4 98150 (세트)